读懂男孩

[日] 黑川伊保子 著

吴一红 译

时代出版传媒股份有限公司
安徽少年儿童出版社

著作权登记号：皖登字 12222083 号

MUSUKO NO TORISETSU
by KUROKAWA Ihoko
Copyright © 2020 KUROKAWA Ihoko
All rights reserved.
Originally published in Japan by FUSOSHA PUBLISHING INC.,Tokyo.
Chinese (in simplified character only) translation rights arranged with
FUSOSHA PUBLISHING INC., Japan
through THE SAKAI AGENCY and BARDON CHINESE CREATIVE AGENCY LIMITED.
中文简体字版权归上海高谈文化传播有限公司所有

图书在版编目（CIP）数据

读懂男孩 /（日）黑川伊保子著；吴一红译 . — 合肥：
安徽少年儿童出版社，2023.6
ISBN 978-7-5707-1878-8

Ⅰ.①读… Ⅱ.①黑… ②吴… Ⅲ.①男性—家庭教育 Ⅳ.① G78

中国国家版本馆 CIP 数据核字（2023）第 053922 号

DU DONG NANHAI
读懂男孩

［日］黑川伊保子 著
吴一红 译

出 版 人：李玲玲	策划统筹：张春艳	责任编辑：张春艳
责任校对：江 伟	特约编辑：宣慧敏 潘丽萍	责任印制：郭 玲
装帧设计：薛 芳 叶金龙		

出版发行：安徽少年儿童出版社　E-mail：ahse1984@163.com
　　　　　新浪官方微博：http://weibo.com/ahsecbs
　　　　　（安徽省合肥市翡翠路 1118 号出版传媒广场　邮政编码：230071）
　　　　　出版部电话：（0551）63533536（办公室）　63533533（传真）
　　　　　（如发现印装质量问题，影响阅读，由本社出版部联系调换）
印　　制：安徽新华印刷股份有限公司
开　　本：787 mm×1092 mm　1/32　　印张：8.25　　字数：140 千字
版　　次：2023 年 6 月第 1 版　　2023 年 6 月第 1 次印刷

ISBN 978-7-5707-1878-8　　　　　　　　　　　　　定价：49.80 元

版权所有，侵权必究

目录

前　言 ········· 001

第一章　了解男性大脑 ········· 001
喜欢汽车模型的男孩和喜欢亮晶晶饰品的女孩 ········· 004
男女大脑的区别在于第一时间无意识的选择 ········· 006
关注远处的目标还是近处的心爱之物，是一道选择题 ········· 008
邋遢啊，男人 ········· 011
抹去缺点，优点也会被削弱 ········· 013
养儿育女，方法大不同 ········· 015
不是所有男孩都拥有男性大脑 ········· 019
具有高度审美意识的直觉型人才 ········· 021
如果男孩的大脑偏女性脑型 ········· 022
育儿是一场探险，就像坐上一列永不回头的火车 ········· 023
汽车和火车的魅力何在 ········· 025
让男孩多接触成熟男性 ········· 028
给他提供一个"独立的游戏空间" ········· 032
男孩对母爱的渴望更加深沉、强烈 ········· 035
妈妈是原点 ········· 036
宠爱孩子，何错之有 ········· 040

可以长期母乳喂养，也可以想断奶就断奶 ·············· 042

雏鸟离巢之日 ·············· 044

第二章　如何培养男孩的生存能力 ·············· 049

做不做某件事，妈妈说了算 ·············· 052

养育孩子无须遗憾 ·············· 053

8 岁前获得生存能力的基础 ·············· 054

边喂奶边玩手机，是在浪费大好时光 ·············· 056

在最佳时机培养孩子的运动能力 ·············· 059

理科学习能力也跟小脑关系很大 ·············· 060

职场妈妈的痛 ·············· 063

孩子发呆的时候大脑在进化 ·············· 065

妈妈的心之所向，是儿子成才的方向 ·············· 069

如何不吃苦头就能学会忍耐 ·············· 072

孩子的睡眠和学习，孰轻孰重 ·············· 075

让孩子爱上阅读的方法 ·············· 077

读书最基本的乐趣 ·············· 079

孩子 8 岁前，要读书给他听 ·············· 080

让孩子爱上阅读的方法（亡羊补牢篇） ·············· 083

珍惜读书给孩子听的时光 ·············· 085

第三章　如何培养有爱心的男孩 ·············· 089

给孩子的大脑输入"喜欢"与"爱" ·············· 093

为孩子积攒爱	095
及早确定育儿目标	098
令妈妈也着迷的好男人	101
一定要把孩子培养成精英吗	102
理想的妈妈	105
身为男孩，这样做很差劲哟	107
一句"比较酷"堪称"杀手锏"	110
依靠孩子是一个绝招	111
家里有多个男孩时该怎么做	114
妈妈要尊重男孩的榜样——爸爸	116
做妈妈不需要完美	118
时不时找儿子商量事情	121
反向依靠法	123
和男孩沟通时先说谈话的目的	126
儿子对妈妈的爱	129
青春期是爱的间歇期	132
宇宙第一的爱	135

第四章　如何培养有干劲的男孩　　139

不是性格问题，而是营养问题	141
把你的儿子培养成"肉食系男孩"吧	143
甜食当早餐，人生惨淡淡	146
青春期有好睡眠可以带来理想身高和男子气概	149

每个人都会经历叛逆期 ……………………………… **151**
守护孩子的大脑实验 ……………………………… **154**
孩子提问时，父母应该感到高兴 ………………… **157**
反问孩子："你怎么想？" ………………………… **160**
在平淡无奇的环境中发现问题、提出问题 ……… **161**
提前学习知识会消磨学习的兴趣 ………………… **164**
尊重孩子的学习进度 ……………………………… **166**
发现浮力 …………………………………………… **168**
告知孩子上学的目的 ……………………………… **171**
给男孩设定未来的目标 …………………………… **173**
把目标设定得高远一些 …………………………… **174**
妈妈的期望是男孩干劲的来源 …………………… **178**
什么样的孩子会跻身顶级之列 …………………… **181**
不要惧怕失败 ……………………………………… **183**
做男孩的妈妈需要勇气 …………………………… **185**
别让妈妈的恐惧限制儿子 ………………………… **187**
自信比他人的认可更重要 ………………………… **190**
别对失败满不在乎 ………………………………… **191**
当孩子失败时，妈妈该怎么做 …………………… **194**
妈妈怕失败，孩子的干劲就会减退 ……………… **195**

第五章　如何培养体贴别人的男孩 · 197

言语中的体贴 · 200
让男孩在 13 岁以前学习共情式沟通 · 203
别用"对话粉碎机"——"5W1H"式提问 · 207
别问"为什么"，要问"怎么了" · 210
13 岁是一个转折点 · 212
和孩子展开心灵对话的方法 · 214
有一个地方，只为妈妈保留 · 219
就座时让女士优先 · 223
全球通用的绅士礼仪 · 224
教会男孩做饭 · 227
天赋的发掘来自日常接触 · 233
汤姆·索亚行动 · 235
用面部表情表达体贴 · 238
妈妈的话语和面部表情不能太随意 · 239
妈妈的认可才是对孩子最大的肯定 · 242

结语 · 245

养育男孩的 40 个秘诀 · 250

前　言

家有男孩的妈妈们，这是你们不容错过的一本书；家有高堂的男士们，我希望你们也来读一读。

男性的大脑生来便具有与女性的大脑迥然不同的特质，因此男孩和女孩的培养方式也大相径庭。

倘若一位妈妈对脑科学方面的知识鲜有涉猎，那么要想读懂"男孩"这种生物，实在难乎其难。

当然，就算没有这方面的知识储备，或许很多妈妈也能凭借母爱和其乐融融的母子关系冲破理解障碍。可如果对相关领域的知识有所了解，那么她们的育儿乐趣便会翻倍。

倘若男孩的爸爸阅读了这本书，他便能对妻儿相处中的压力了然于胸，并懂得如何去缓解这些压力。

男孩的本事大小取决于妈妈。与刚出生的儿子形影不离的妈妈，对儿子的空间认知能力的提升起决定性的作用。

一位爸爸要想把儿子培养成内心强大又坚忍的男子汉，比起锻炼孩子，更重要的是确保妻子心情舒畅。作为男孩的爸爸，首要使命就是呵护妻子。在养育男孩方面，这似乎是舍近求远的做法。殊不知，这才是唯一的捷径。

家中没有男孩，但曾为人子或至今依然扮演着儿子这个角色的男士们也能通过阅读本书了解自己的妈妈是怎样的存在。

在收获你这个宝贝后，你的妈妈经历了怎样的迷茫？其间又是如何开辟出自己的育儿之路，劳心费神地走过这一路的？你的妈妈年轻时所经历的那些育儿路上的喜悦和困惑，你不想感受一下吗？

此外，如果书中有一些育儿方法是你的妈妈未曾在你身上施展过的，那么请不要埋怨她，而是静下心来学习它们。要知道，在你的妈妈养育你的那个年代，这本书还没问世呢，所以请谅解她。

我写这本书的初衷是想向生下男孩的妈妈们传授育儿知识，而这恰好说明：由女性来培养男孩是多么艰难、多么值得尊敬。

那么，请往下看如何才能培养出"令妈妈也着迷的男孩"。

第一章

了解男性大脑

绝大多数男性天生拥有"空间认知优先型"大脑。当然，这并不意味着不拥有这类大脑的男性不正常。但毫无疑问，绝大多数男性的大脑都属于"空间认知优先型"，而女性的大脑多为"交流优先型"。

拥有"空间认知优先型"大脑的人会优先关注远处，继而估量空间距离，认知事物结构。

拥有"交流优先型"大脑的人会优先关注近处，对眼前之人的面部表情和行为做出回应。

对于人类大脑而言，这两种类型皆可。但大脑第一时间优先关注什么是预先确定好的。正如每个人都有一只惯用手一样，每个人的大脑也都有一个"惯用回路"。这是因为在性命攸关的紧急情况下，犹豫不决是很危险的。

喜欢汽车模型的男孩和喜欢亮晶晶饰品的女孩

大多数男孩会对汽车和火车着迷，但我极少见到女孩被陈列架上的汽车模型吸引而移不开眼的。

现在主张"大脑不存在性别差异"似乎成了知识分子的一种时尚。有研究人士表示，这种主张令他们更显睿智、与时俱进，而这也是来自社会对女性提高社会活跃度的要求。

然而，男孩和女孩显然是不同的。尽管男孩和女孩的大脑构造基本相同，但他们的思维方式和行为有很大差异。

男孩普遍喜欢汽车模型，而女孩普遍中意亮晶晶的饰品。这并不是父母主观认为的，而是孩子们天生的兴趣决定的。

我的儿子还小时,我曾经给他买了一套漂亮的首饰玩具,想看看他的反应,结果他连正眼都不瞧一下。反倒是见了叉车和消防车玩具,他就兴奋得连滚带爬地扑过去,终日沉迷其中,玩得不亦乐乎。

相较之下,女孩对观察他人的表情很在行。她们从小就对自身笑容的威力了然于胸,甚至在三四岁时,就能将爸爸"耍得团团转"。观察别人家的

女孩，让我常常感叹：女孩果然有一套啊！而我从未见过哪个男孩拿"微笑"或"耸肩"当武器。

男孩和女孩哭的方式不一样，固执的地方不一样，心情好转的原因不一样，肢体语言不一样，穿戴方面的喜好也不一样。个体差异自然是有的，可要说男孩和女孩的差异实例，在育儿经验丰富的妈妈那儿要多少有多少。

"男女大脑无差异"这种话在实际的育儿工作中是行不通的。这就是为什么我想重申男性和女性的大脑是不同的原因。

男女大脑的区别在于第一时间无意识的选择

男性和女性大脑的功能是一样的。男性和女性的大脑生来就有相同的构造，不存在只有男性才拥有的大脑，或只有女性才拥有的大脑。从这个意义上说，男性和女性的大脑并没有什么不同。

然而，大脑的特质取决于它第一时间会选择哪项功能，而不是它具备哪些功能。男性和女性的大脑第一时间使用的神经信号模式是不同的。这就是男女大脑的差异所在。

为什么教神经生理学的老师要从构造方面（各项功能是否齐备）来比较男性和女性的大脑呢？这样比较不符合实际状况，因为大脑并不总是动用全部功能。

大脑拥有天文数字级别的回路，这让它足以应对任何状况。可它并不总是动用所有回路。必要时，迅速将脑电信号发送到必要的回路，这就是大脑的工作。比如，为了识别在你面前经过的黑影是一只猫，脑电信号必须只流向识别猫的回路。如果脑电信号同时通向识别大象的回路和识别老鼠的回路，那么面对眼前的动物，你恐怕就会产生混乱了。

关键时刻能迅速选择恰当的回路，这才是人们口中所说的"聪明"或"机敏"之人该有的大脑。

遇到事情时，大脑第一时间选择的回路是大脑潜意识的活动。显然，这种活动是存在性别差异的。

当然，这种差异并非100%存在，毕竟大脑不是工业品。不过，存在大多数男性倾向选择的回路模式和大多数女性倾向选择的回路模式，并且这种倾向在一个人一出生时就会显现出来。

男女大脑的不同之处不在于构造，而在于第一时间无意识的选择。

关注远处的目标还是近处的心爱之物，是一道选择题

大脑无法同时关注很多事情。如果不能同时处理这些事情，那么大脑就需要预先确定第一时间使用哪条回路，否则就会陷入险境。

例如，大脑必须选择看远处还是看近处。一个人无法同时看远处和看近处。如果试图既看远处又看近处，那么就只能模糊地看到事物整体。倘若要

在大范围内搜寻物体，或在射击等体育比赛中识别目标，这或许是一种有效的方法。然而，当大脑处于这种状态时，人是很难采取直接行动的。

这是因为当我们注视远处的目标和注视近处的心爱之物时，所使用的是两条不同的神经回路。谁都可以使用其中一条回路，谁又都无法同时使用这两条回路。

将大脑内部的神经纤维网络可视化后会发现，当注视远处的目标时，我们使用的大多是大脑的垂直信号（连接前额和后脑的线路）；当注视近处的心爱之物时，我们的大脑中则会产生大量连接右脑和左脑的水平信号。倘若将其看成电子线路板，那么二者的内部构造截然不同。

这个世界上有些人的大脑第一时间选择关注远处的目标，有些人的大脑第一时间选择关注近处的心爱之物。大多数男性的大脑属于前者，而大多数女性的大脑属于后者，这是出生后就形成的。换句话说，大脑运行分为两种模式：一种专注于远处的目标，而另一种则专注于近处的心爱之物。

原因很明显，不是吗？在长期的进化过程中，男性更注重狩猎，而女性更注重育儿。只有这样，在远古时期那样恶劣的自然环境中才能提高生存概率。

这两种运行模式并无优劣之分，都是人类不可或缺的。

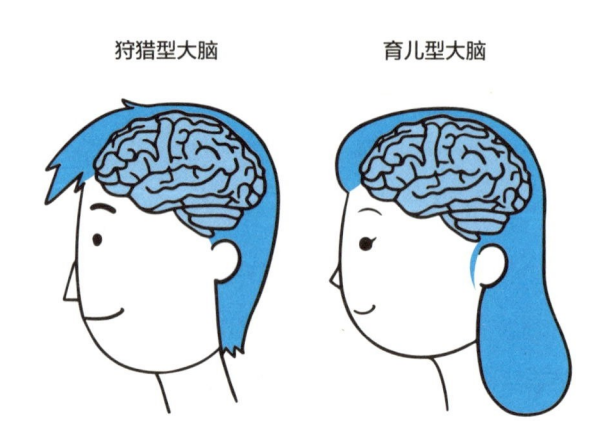

狩猎型大脑　　　　育儿型大脑

虽然男性和女性拥有同样的大脑构造，但在紧急情况下，二者的大脑将作为不同的"设备"相互辅助。

当家人遇到危险时，其中一方能够立即瞄准远处的危险物体并进行应对，而另一方则可以守护眼前的珍贵之物，不会转移丝毫注意力。两种大脑的功能若不能同时发挥作用，就无法保护重要的人和物。

正因为男性和女性在紧急情况下所做的选择不同，二者才和衷共济、配合默契。但也正因为如此，双方容易产生矛盾。

邋遢啊，男人

男性会在第一时间果断锁定远处的目标。因此，当一个男人要上洗手间时，他的眼里就只有洗手间；当他要泡澡时，脑子里就只想着澡盆。他压根儿没想过要把面前的脏杯子顺手拿到厨房去，也没想过要把刚脱下的衬衫拿到更衣室去。结果他就养成了邋遢的坏毛病——事情没做完就撂下不管，脱下衣服就随手乱扔，东西随便放。不管妈妈或妻子怎么提醒他，他就是积习难改。

其实，他不是不想做，只是他的大脑会第一时间选择关注远处的目标。男性大脑这种关注远处的目标的功能使远古时期的男人们擅长打猎。

据说，人类能够集中注视的空间范围大约只有视野中的拇指指甲盖那般大小。当注视着远处的猎物时，我们自然看不到自己的脚下，也不能去看。因为我们如果被脚边的玫瑰和草莓分散了注意力，那么就算决定猎杀远处的猎物，最后也会空手而归，不是吗？

果断锁定目标，就不会迷失。男性天生关注远处的目标的行为，既反映在思维习惯上，也反映在语言习惯上。关于这一点，后续我会进行详细说明。

总是朝目标前进并保持客观，这种特质具有很多优点。不具备这种特质,就享受不了学习理科的乐趣;在开拓事业方面,这种特质也起到重要作用。换句话说,一位能干的商务人士必须具备这种特质。

当然,女性也能拥有这种特质。职业女性自不必说,能干的家庭主妇把这种特质发挥得淋漓尽致。快速做出一顿可口的饭菜、随时保持房间的整洁……家庭主妇轻松展现的这些技能,只有通过灵敏地交替使用大脑关注远处和近处的目标的功能才能实现。

事实上,在人工智能领域,开发出完成这些家务的机器人才是最具挑战性的课题。成为一位能干的家庭主妇远比打败一位象棋大师困难。我真心希望男士们能对每天保持家里整洁的妻子心怀感激。

抹去缺点,优点也会被削弱

绝大多数男性的大脑属于"空间认知优先型"。凭借关注远处的目标的能力,男人们在旷野上驰骋,开疆拓土，为守护家人而战。有些男性在数学和物理学领域不断有新发现，他们建造桥梁、修建楼宇，甚至飞向太空。然而，由于关注近处的心爱之物的意识比较薄弱，所以越是优秀的男性，在家里越是给人一种一无是处的感觉。他们看起来就是一个稀里糊涂的邋遢之人。

当一个女人的大脑进入育儿模式之后，她会处于一生中情绪最敏感的时期，没办法对儿子邋遢的行为习惯视而不见。于是，她就会发牢骚："你得这么干！""你快点儿！""你瞧瞧自己！""为什么你就是做不来！"

尽管如此，她如果强迫自己的儿子以关注近处的心爱之物、处理好眼前每一件事情的方式来使用大脑，他就无法心无旁骛地关注远处的目标，前面提及的飞向太空的冒险精神和开发能力就会被削弱。

世事难两全，大脑也是如此。如果试图抹去缺点，那么优点也会被削弱。

如果各位妈妈想让儿子的大脑充分展现男性大脑的特质，那就必须包容他的缺点。因此，请各位妈妈原谅儿子的稀里糊涂和邋遢。这是养育男孩的第一条法则。

为了儿子好，对其稍加管教是可以的，但是切勿以女性的行事标准勉强他。他不做某些事，不是因为他缺乏动力、爱心或人情味，而是因为做不到。这一点请各位妈妈铭记在心。

此外，如果各位妈妈也对自己丈夫的这一毛病睁一只眼闭一只眼，那么家庭氛围会变得更加和谐。和一个男人生活在一起，养育一个或多个男孩，就意味着要去欣赏他们的优点，并包容其缺点。

养儿育女，方法大不同

男孩很可爱。当然，女孩也很可爱。但男孩、女孩的可爱之处各不相同。

儿子之所以可爱到让人打心眼儿里喜欢，是因为男孩建立自我意识的时间比女孩要晚得多。

女孩较早便具有自我意识，并能很好地表达出来，而男孩则沉迷于"关注的对象"而不是"自我"。男孩首先关注的就是自己的妈妈，自我被置之脑后。最终，他们会将关注的范围扩大到玩具、体育和太空领域。即便如此，依恋妈妈的意识根植于其大脑深处，直到他们在青春期真正地建立起自我意识。换句话说，在生命的早期阶段，男性全身心地依赖妈妈、爱妈妈。

大多数女孩生来就有关注近处心爱之物的天赋。最终，她们也将形成客观意识，成长为能干的女性。

女孩很珍视自己。从很小的时候起，她们就爱着自己，并密切观察自己与周围环境的关系。当你哄她们时，她们会笑得很开心，并抬头看着你，神情可爱。当她们抱着柔软的洋娃娃时，会通过手臂和胸部感受到的压力来确认自己的存在。

因为女孩与妈妈之间存在强烈的一体感,所以她们爱妈妈就像爱自己一样。她们会密切地观察妈妈,并在妈妈意识到之前,说出诸如"妈妈,你胖了"之类的话。她们什么忙都愿意帮。当然,她们可能会把事情搞得一团糟,或者使一切安排功亏一篑,但那不是恶作剧,请妈妈不要责怪她们。

最终,女孩会遇到比"自我"更让自己热爱的人或物。她们在人际关系上会经历一些历练,然后会通过阅读或学习来削弱自我意识,使自己变得成熟起来。

养育女孩意味着要帮助她们削弱自我意识,而不是一味地溺爱她们。我觉得有很多平成[1]时代的爸爸、令和[2]时代的爸爸都不明白这一点。因此,养育女孩的各位爸爸,请务必阅读《读懂女孩》。

如果削弱自我意识是女性面临的一大成长课题,

---

[1] 平成:日本旧年号,起止时间为1989年1月8日至2019年4月30日。
[2] 令和:日本新年号,起始时间为2019年5月1日。

那么对男性来说则恰好相反，他们面临的成长课题是确立自我。

许多男孩天生就有放眼远处、辨别整体、感知事物结构的才能，即能够客观地观察事物。他们会逐渐形成自己的想法，进而成长为成熟的男人，守护所爱之人。

换言之，成为一个成熟的人，不论男女，都要有从主观与客观两种角度看待事物的能力。一个优秀的成年人要均衡运用关注远处（客观）和关注近处（主观）两种视角，做一个负责任的勇敢战士，不吝惜表达爱意的语言和举动。正如电视剧《爱的迫降》中那位英俊的军人李正赫，以及拥有优秀的战略思维能力和雄厚的经济实力，坚守与李正赫之间爱情的女企业家尹世莉一样。

如果现实中的人都能像剧中人物那样，那么就算有人断言"男人和女人的大脑没有任何区别"，也无所谓了。不过，一个人在成长为大人前，他的大脑无法同时运用前文所说的两种模式,因为二者的成长方向完全相反。

所以说,养育男孩和养育女孩的方法大不相同。

不是所有男孩都拥有男性大脑

自古也有一些男孩生来就有关注近处的心爱之物的天赋。

只有右脑和左脑协同运作,人才能建立自我意识、关注近处的心爱之物。右脑与想象力、创造力、直觉等有关,而左脑直接与意识相关,负责逻辑思考和语言表达等。当用语言表达自己的感受,或者从他人的面部表情和举止中感知其感受时,我们都需要左右脑协同运作。换句话说,女性天生倾向于左右脑协同运作。

左右脑的协同工作由胼胝体负责,而胼胝体是联结大脑左右两个半球的大束神经纤维。

女性的胼胝体天生就比男性的粗，其粗细程度差异有的学者认为有10%，有的学者认为小于10%。偏差自然是有的，取决于实验对象的选择方式和数据的处理方式。

"女性大脑的胼胝体比男性的粗"这一发现不容忽视。事实上，一位神经外科医生认为，男性的大脑和女性的大脑是有区别的。有实验数据表明，当人工智能通过观察男性和女性的大脑图像进行分析后，再看到一张未知的大脑图像时，它几乎能够毫无差错地判断出该大脑所属者的性别。

有些男性生来就有和女性大脑一样粗的胼胝体。如果一个男孩出生时胼胝体较粗，他自然会带着主观优先的意识开启人生。这样的男孩将走上一条与大部分男孩不同的道路。长大之后，他们会交出一张独具一格的人生答卷。

这样的人受睾酮的影响，虽然具有男性的躯体，但会以主观优先的思考方式行动。拥有这类大脑的男性往往是具有高度审美意识的直觉型人才，他们会在社会上大放异彩。

具有高度审美意识的直觉型人才

很多艺术家、设计师、音乐家和新锐企业家是这种直觉型人才。

从史蒂夫·乔布斯的言行举止来看，他就属于这种类型的人才。众所周知，他是苹果公司的创始人，对一体式电脑进行了革命性的创新，开创了个人电脑时代。在这之前，电脑是一种带有独立显示器、计算设备和存储设备的大型"丑陋"装置。

用相对论改变了人类对宇宙认知的爱因斯坦博士去世后，其大脑被解剖了。他的胼胝体比普通男性的胼胝体粗。一定是因为拥有这个非凡的大脑，才令他有了颠覆宇宙的重大发现。

卡尔·拉格斐——这位在可可·香奈儿离世后

带领香奈儿品牌走向更加繁荣的超凡设计师，从其言行和作品来看，他也是拥有"主观优先型"大脑的人。

如果男孩的大脑偏女性脑型

男孩也有可能出现以下这些情况：他是主观优先的男孩；他是言行举止偏女性化的男孩。正如我多次说过的那样，这是由先天因素决定的。

接下来，我会介绍一些针对大脑运转方式偏男性的男孩的养育方法。如果你觉得这不适合家中男孩的情况，那么不妨阅读《读懂女孩》。拥有"主观优先型"大脑的男性审美水平较高。家中有这样的男孩，就好比你得到了一个宝藏。不要试图强迫他表现出男子气概，而要像养育女儿那样，把他培养成一个出色的艺术家或企业家。

繁衍后代已经不是人类的使命了，不是吗？在过去的几十年里，人口翻了一番。我读大学那会儿，世界上有40亿出头的人口。而如今，世界人口数已经逼近80亿了。就算越来越多的人只为自己而活，那也完全没问题。

我认为，每对夫妻都有权利选择是否生孩子。在当今的社会，人们不应该为"与异性结婚后就得生子"这种传统观念所累。

我们所处的世界有能力包容男孩们选择的每一条道路，不管那是什么。

育儿是一场探险，就像坐上一列永不回头的火车

当然，我会为那些选择生孩子的人送上衷心的祝福。我自己就很享受当一个男孩的妈妈。儿子是我的骄傲，他坚强、睿智，无比善良。

此时，儿媳妇正在观看电视剧《爱的迫降》。昨晚，她说："我想变成尹世莉，跟李正赫谈恋爱。可正

当我这么想的时候,我抬头一看,发现原来老公在家啊。怎么说呢,其实我的老公有过之而无不及呢。我太幸运了!"

儿媳妇的一番赞美对我而言,就像是一枚勋章。

要知道,我正是为了让儿子将来的伴侣幸福,才运用脑科学一步步把他教养为成熟的男人。我觉得自己乐在其中。

我想起了儿子2岁、4岁、8岁、14岁、20岁时的模样:有非常可爱招人疼的时候,也有成长太快让我措手不及的时候,还有他对妈妈始终不变的爱。育儿是一场探险,就像坐上一列永不回头的火车。

今后,各位年轻的妈妈将见证孩子在各个年龄段的成长,这让我羡慕得不得了。我衷心地希望每一位妈妈都能享受拥有儿子的那份自豪和喜悦。

对一个女人来说,养育拥有"空间认知优先型"大脑的儿子意味着不断积累新发现,意味着经历一次次奇妙的冒险。

正如任何冒险一样，在养育儿子的过程中，很多妈妈也会产生困惑、焦躁和挫折感。没有魔法婆婆出来帮一下的话，会有点儿够呛。所以，我写了这本书来助各位一臂之力。

好了，让我们言归正传。接下来我将重点讨论男性大脑，针对的是天生拥有"客观优先型"大脑的男性。

汽车和火车的魅力何在

通常，男孩天生就有以空间认知为优先的大脑。这意味着他们会优先使用空间认知能力。他们擅长深度感知，而且感知距离、观察事物结构的能力发展得特别快。这是狩猎的必备能力，也是学好理科的基础。

人们更愿意做自己擅长的事情，这是理所当然的。所以，男孩要在脑子里估量距离，确认物体结构后再玩耍。也正因为这样，男孩喜欢汽车和火车。它们的材质很有光泽，从远处看也很显眼，仅通过观察就很容易了解它们的形状和结构。它们还有很多功能，并且可以移动。

我还记得我的儿子第一次拿到玩具消防车时的样子：他像一块被磁石吸住的铁一样。可以说，汽车类玩具就是检验男性大脑的石蕊试纸。

我感到很纳闷儿：他到底因为什么这么高兴？那是一辆玩具消防车，女孩通常看一眼就没兴趣了。可是，当这种用肉眼就能观察其形状和结构的东西出现在不远处时，男孩通常会显得比较兴奋并很快过去确认它的存在。这可以提高其空间认知能力并培养其好奇心。

因此，在养育男孩时，房间还是乱点儿的好。比如，那边放一辆玩具消防车，这边放一辆玩具叉车。如果妈妈在拿出第三件玩具前先收起来一件，想让房间不太乱，那么反而不利于男孩成长。

乱糟糟的场景有利于男孩大脑的发育。如果别人因为你儿子的房间乱而说三道四，你只要微笑着回答"我在努力使我的儿子成为一个天才"就行了。

让男孩多接触成熟男性

我的儿子是一个狂热的汽车爱好者,他大学毕业后如愿在汽车行业找到了一份工作。

在他还小的时候,有一次,我在商务旅行中发现了一辆非常漂亮的木雕车,便买下了它。那是一件造型优美、线条流畅的雕塑作品,价格不菲。我兴奋地把木雕车递给儿子,满心期待他露出灿烂的笑容,可他看起来很失望,不愿意碰木雕车。

"妈妈,你不明白吗?我喜欢的是机械。"他说道,"就是会打开、转动、抬起……"

"哦,原来是机械啊。"

这让我十分惊讶。我忘了问这个词是谁教他的,我想可能是他的爷爷或外公。我的父亲虽然战后学习国际政治学,成了一名社会学教师,但战争导致其学业中断之前,他是一名理科生。而我的公公是个手艺很好的工匠。他们俩都像是会使用这个词的人。

现在儿子已经长大了,他不记得是从谁那里学的这个词。他说:"我确实很早就知道那个词了。我打懂事起就很喜欢机械类的玩意儿。"

理科出身的我强烈地感觉到,男孩大脑的成长速度超出了妈妈的想象。在育儿方面,爷爷和爸爸的作用出乎意料地大。请给儿子多一些和家里成熟男性相处的时间吧。

此外,让孩子接触并认识外面的成熟男性也很有意义。

我的儿子上小学低年级时,曾到家附近的一个围棋俱乐部学下棋。聚在那儿的老大爷们都很高兴有这么一个年幼的初学者加入他们,于是就轮流陪他下棋。

我永远不会忘记第一次和他下棋的那位老大爷所说的话。他冷不防递给我儿子一枚棋子,说:"小朋友，这个棋盘现在属于你，棋子都听你指挥，那么你的第一步棋要下在哪里呢？"他用温和的声音对一时间愣住的儿子说道。我儿子瞪大眼睛，落下了第一枚棋子。

倘若他后来成为一名职业围棋手，那么此番经历应该会被传为一段佳话吧。可惜这个世界没那么多童话，他没那方面的才能。

不过，他在那里学到的人生哲学无疑成了他记忆中重要的一部分。他与年长男性相处的能力要归

功于那段下围棋的经历。他至今仍会真诚地与年长男性打交道,并认真倾听他们讲述人生哲学和处事经验,并将其化作自己的精神食粮,从而得到他们的爱护。他是一家生存艰难的小公司的董事,擅长与年长男性打交道成了他经商时的明显优势。

我记得我家附近一位卖鱼的大叔就经常给我的儿子讲捕鱼的故事。有一次,我在超市打算买生鱼片,没想到儿子对我说:"咱们还是在那里买生鱼片吧。你觉得那个卖鱼的大叔像是会说谎、做事虎头蛇尾的人吗?"

这话听得我云里雾里的,他大概是想表达:那位大叔家的生鱼片他吃着放心。

男人与男人之间存在一种信任关系。

我的儿子在东京藏前区三筋一带长大,这里位于浅草和日本桥之间,东京天空树[①]也清晰可见。这

---

①东京天空树:即东京晴空塔,又称新东京铁塔,高634米。在世界建筑物中,其高度名列前茅。

里是一个很棒的下町，住着很多手艺人，颇有年代感的饰品批发店随处可见。我觉得我的儿子很幸运，生活周遭能遇到许多成熟的男性。妈妈往往对儿子与其他男性的交流不怎么在意，但如果有机会，请一定让孩子多接触一些成熟男性。

给他提供一个"独立的游戏空间"

我想给儿子提供一个"独立的游戏空间"，一个可以被称作"工作室"的空间。在那里，他可以花上几个月的时间去搭建一个积木王国，接着将其推倒后重新搭建，然后再推倒。

虽然我的儿子是独生子，但我还是给了他一张高低床，并把下铺指定为他的"积木工作室"。他和幼儿园的好朋友在那里兴致勃勃地建起了虚拟的太空基地，后来连上铺也被占用了，搞得整个房间都是积木。他没地方睡觉了，就跑过来跟着我一起睡。

前几天，我看电视时，一位连大人都自愧不如的少年发明家的妈妈说了同样的话。她说，一个用不着收拾的房间有助于培养孩子的创造力。在她家，一个约有16平方米大小的空间成了孩子的"积木工作室"。孩子本人表示："我在反复制造和破坏的过程中，会有很多灵感闪现。"

对大脑来说，重要的是交替重复"想象"和"执行"。"当在幼儿园或学校的时候，他想起那个空间，脑子里幻想着要做这个、做那个，回家后就付诸实践"，这种反复的过程会练就强大的大脑，产生非凡的创造力。

我的儿子快要步入而立之年了，但他现在仍在重复"想象"和"执行"的过程。他在日光市尾足买了一片森林，准备和他高中时代的朋友在那里建造一座山间别墅。他画好图纸，采购建筑材料，一到假日就兴冲冲地赶往森林。他眼里闪动的光芒，跟他在高低床上搭建太空基地的时候一样明亮动人。

男性无论到了几岁，都可以通过拥有一个基地、工作室、车库或"心灵圣地"（如大海或山脉）来提升创造力，为未来的事业做准备。我希望父母支持成年孩子的户外活动。

与儿子相处让我的人生变得更充实。他会把我带到森林里，把我抱起来放在吊床上，用从森林里摘来的花椒果实给我做米糠床。这样的人生是我不曾想象过的。

当一个男孩拥有"别人不会去碰、可以独立拥有的空间"时，他的空间认知能力会得到极大的提升。他的情绪稳定，专注力也会得到提升。特别是有姐姐的男孩，最好给他提供一个"里面的玩具谁都不会去碰"的地方，因为姐姐有时会过分地关心弟弟（尽管她是出于好意才这么做的）。从他开始牙牙学语的时候，就应该确保他有这么一个地方，条件允许的话，就划分出2平方米的空间；条件有限的话，1平方米的空间也行，你一定能看见这样做的效果。

男孩对母爱的渴望更加深沉、强烈

大多数女孩有"交流优先型"大脑,只要给她喜欢的布偶或玩具,她就会比较安静,并且会对父母的搭讪和逗笑做出反应,所以女孩值得哄。

而男孩不仅好动,还容易被远处的东西分散注意力,因而很难与之沟通。很多妈妈把男孩的这类行为描述为"粗鲁无礼",但如果意识到那是他们在提升空间认知能力(甚至是学习能力和创造力),妈妈们也许更容易接受这类行为。

此外,拥有"空间认知优先型"大脑使得男孩对母爱的渴望更加深沉、强烈。男孩如此专注于对远处的感知,以至于他们在近处的事情上完全依靠妈妈。可以说,他们把身边的一切交给妈妈掌管,自己则沉浸在远处玩具(比如汽车和火车)的世界里。

女孩从小就密切地观察妈妈,当变得能说会道时,女孩就会评价甚至批评妈妈。相较之下,男孩在进入青春期之前完全信赖妈妈。

这就是为什么我说男孩很可爱。幼儿时期的男孩就像妈妈的小尾巴,母子被纯洁的爱紧紧地绑在一起。

妈妈是原点

很久以前,有一次我让年幼的儿子在公园里玩耍时,一位怀里抱着同龄男孩的妈妈和我搭讪道:"你的儿子真棒,虎头虎脑地到处跑。我的儿子一直黏着我,都不肯自己玩。"

说实话,几分钟前我就注意到那对母子了。那位妈妈竭力想让孩子远离她,孩子却老是追着她跑,尽管两个人只相隔了很短的距离。

原因很明显:妈妈做了无谓的移动。她趁儿子松手的间隙迅速往后退,可能是因为希望儿子自己去玩,她的脸上出现了烦躁的表情。

"做妈妈的不要动,保持淡定的微笑。"我向她提议道,"男孩会以妈妈为原点,一边估量他与妈妈的距离,一边探索外部世界。倘若原点摇摆不定,他就会失去距离感,陷入焦虑状态。"

花了些时间后,渐渐地,小男孩终于能够自己玩耍,远离伫立在原地的妈妈了。

在公园里挣脱妈妈双手的那一刻,对一个幼小的孩子来说,与走向社会没有什么不同。这是他人生中的第一次冒险。

孩子展开大冒险时,会经常回头看妈妈,确认她是否还在原地。幼小的他需要在大脑里一边估量自己与妈妈的距离,一边拓展自己的世界。他们大脑中的虚拟空间坐标系是以妈妈为原点创建的。所以说,妈妈是原点。

"我驰骋关东平原的时候,你能不能别飞过我的头顶到北海道出差?"19岁的儿子脸上布满了不悦的神色。

那天,我的儿子骑着摩托车进行了一次长途旅行。当天早上,对儿子说了声"路上小心"后,我就换上西装去札幌出差了。傍晚回到家,我用一句"你回来啦"来迎接儿子。

这样做按理说没什么问题,可儿子对我下午3点左右给他发送的那条短信表示不满。那条短信写道:"我在北海道的新千岁机场。我买了豪华海鲜便当,好期待啊!"

儿子的说法是:当他骑着摩托车出去长途旅行时,他把自己的家当作坐标原点,在大脑中不断估量着自己与家的距离。那个原点就是妈妈和大喵(我们家猫的名字)所在的地方。他一边想象着妈妈和大喵在家里无所事事的样子,一边感叹道:"啊,这次来的地方挺远呢。"可妈妈猝不及防地去了北海道!妈妈能不能别这样做,这会让儿子的脑子陷

妈妈是男孩永远的原点。

入混乱啊。收到那条短信后，他就迷路了，搞得很狼狈。

对此，我大吃一惊："什么？你还在大脑里想象空间的坐标原点？"

"说什么呢？你不是专门研究脑科学的吗？"

我被儿子的一句话打败了。

妈妈必须稳定地充当一个不可动摇的原点。无论多么烦躁、生气或沮丧，妈妈都要带着温和的笑容和儿子说"路上小心""你回来啦"。

原点不动摇，男孩就能安心地探索外部世界，凭借好奇心和专注力，获得各种各样的感受。

希望你也能以同样的态度与方式对待自己的丈夫，因为已婚男人的生活是以妻子为原点的。

尽管如此，妈妈仍然是儿子心中的原点。只要还活着，我就想让儿子知道，我就是他的原点，它确实存在着，不可动摇。作为成年男人的妈妈，我想这是我们最后的责任。

宠爱孩子，何错之有

很多人说，如果我们把孩子宠坏了，他们就无法独立，但真的是这样吗？

当妈妈恬静而温柔时，男孩的大脑会运转得更加稳定。如果你尽情地宠爱孩子,他将能够痛痛快快地踏上冒险的旅程。

男孩的"空间认知优先型"大脑让他想远离父母,探索属于自己的一片天地,这是其与生俱来的一种本能。再加上从青春期开始分泌的睾酮所燃起的斗志,男孩会不由自主地走向外面的世界。

男性的独立和冒险意识来自本能,不是严格的教育所能培养的,也不是平静的家庭生活或无私的关怀所能消减的。相反,如果妈妈对儿子很冷淡,他们可能会变得没有安全感而无法独立。跟那位在公园里试图撒开幼子的妈妈一样,得到相反的效果。

顺便提一下,因为害怕儿子失败而事事干涉,以及用教训和命令的方式告诉儿子该怎么做、让儿子上补习班、对读书的事从头管到尾,会消磨其斗志。也就是说,呵护和过度保护完全是两码事,这一点我会在后文进行详细解释。

基于脑科学的研究,我给予儿子尽可能多的呵护。基本上，我不会对他的要求说不。就算有的要求无法满足他，我也会试图理解他的心情。他上了高中后，我依然对他呵护有加。

可以长期母乳喂养，也可以想断奶就断奶

儿子刚出生时，我决定母乳喂养喂到我或者他厌烦为止。结果我坚持到了儿子4岁多。当他4岁多的时候，他说："哦，妈妈，糟糕！我以为我在吮吸妈妈的奶水，结果发现那是我的口水啊。"

我们俩当场捧腹大笑，打那次之后他就断奶了。那是一次非常愉快的断奶体验。儿子4岁之前，我一直在确认自己的身体状况。虽然我对乳汁只要吸就会有这件事感到很惊讶，但不管怎么说，母乳不可能一辈子都有。

关于母乳要喂养多久这个问题，各个时代的人有不同的见解。我的儿子出生那会儿是20世纪90

年代，当时人们普遍认为在孩子1岁之前就应该断奶；甚至有人说，超过1岁还让孩子吃母乳，会增加孩子的犯罪概率。那时候，断奶晚的妈妈简直被视作罪犯；还有人说，断奶晚会让孩子的牙齿长歪。

在阅读了几本关于母乳喂养的书后，我得出的结论是当妈妈厌倦了母乳喂养，或者孩子厌倦了吃母乳时，自然停掉就好。跟我们住一起的婆婆也说："以前家里的老幺都要母乳喂养很久呢。有些上小学的孩子放学一回到家，书包都不放下就开始吸妈妈的奶。越是那样的孩子，长大后越容易出人头地。"

就这样，我的儿子在懂事之前一直是母乳喂养，不过，他的牙齿长得很整齐；到目前为止，还没有迹象表明他会犯罪。

理想的母乳喂养期可视妈妈和孩子的具体情况而定。我的儿子母乳喂养4年多是有点儿久，不能供大家参考。不过，我希望各位妈妈能自行探索，不要被社会上所谓"理想喂养期"误导。

如今，提倡母乳喂养反而成了主流。我认识的一个人尝试了长期不喂辅食、只用母乳喂养孩子的做法，结果被告知孩子营养不良。当然，我认为母乳是很好的食物，但是有些妈妈的饮食习惯和消化能力不好，母乳的营养价值也可能很低。

孩子一旦营养不足，身体发育就会停滞不前，大脑的发育也会受到影响，因为大脑比其他任何器官都需要更多的营养。此外，皮肤由于没有足够的养分用于新陈代谢，会变得粗糙，并出现异位性皮炎。各位妈妈不应该执着于"应该母乳喂养几年"这样的说法，而是观察孩子的情况，做出自己的决定。

雏鸟离巢之日

经过我 19 年的呵护和宠爱，我的儿子很轻松就独立了。

他读的大学离我们家骑摩托车要两小时。他在大一上学期骑摩托车上下学，但6月的雨和7月的阳光似乎折腾得他够呛。于是，他不得不在校外租房了。

我们一家三口一起找房子。在某个星期二，我说："那就这个周末搬吧。"可儿子猝不及防地说了一句："从明天起，我就住校外公寓了。"听到这话，我顿感心烦意乱，一时间头晕目眩，瘫坐在椅子上。

他要离开家了。

或许他认为自己只是去住校外公寓，没什么大不了，可它的意义远不止于此。他日后找到工作，也不会回家住了。最终，他会和他的妻子组建一个新家，这就跟鸟儿离巢是一个道理。我们再也回不到一家三口幸福相依的静好岁月了。

这和31年前我离家时的情景一样。离开枥木的老家，去往奈良的大学，我以为我只是要在奈良待很长一段时间罢了。然而，现在看来，我19岁时的离开就是一去不返地离巢。打那以后，我再也不曾在老家长住，那里不再是我的家了。我想我的父亲是知道这一点的。在我离开的前夕，他静静地给我唱了一首《惜别之歌》。

对于儿子的仓促决定，我做了最后的挣扎："可是什么都还没准备好呢。星期三搬和星期六搬其实没有区别。"儿子笑着说道："不，只要有睡袋、毛巾和肥皂就行了。"

第二天一早，他真的把肥皂、毛巾、牙刷、T恤和裤子塞进一只睡袋里，搁在摩托车后座上，扬长而去。

周末我去看他时，他已经用肥皂洗了头发，洗了澡，还洗了餐具。他把生活打理得井井有条。当然，之后被褥和其他生活用品也都备齐了。他的生活方式很简单。他的厨艺不亚于小酒馆的厨师，所以他买了一些炊具，自己做饭。他煮饭不用电饭煲，而是用锅。

这是一次出色的离巢行动。

我认为，宠爱和呵护能让男孩更从容地踏上冒险的旅程。话虽如此，作为一个爱儿心切的人，我暗自想："如果我把儿子宠坏了，让他永远不离开父母也好啊。"

不过，脑科学的观点才是对的。

第二章

如何培养男孩的
生存能力

我在第一章里提到,男孩以妈妈为虚拟空间坐标系的原点探索外部世界。妈妈只要从容淡定地立于原地宠爱自己的儿子即可。

然而,我心中有一个疑惑:要不要培养儿子的忍耐力?对他严格一点儿会不会更好?

答案是肯定的。

如果他在家里吊儿郎当的,他会误以为外面的世界也允许他这样。那么他就很容易因为社会的不公平而遭受打击。

但是我自己并没有苛刻地要求他,而是用讲述冒险故事来代替严格的教育。冒险故事会告诉男孩这个社会是什么样的,不是事事都能如意,要学会忍耐。此外,冒险故事还能唤起男孩的使命感。

在宠爱孩子的同时,我们必须培养他们独立生活的能力。本章我想谈谈如何培养男孩的生存能力。

做不做某件事,妈妈说了算

在进入正题之前,我想说明一下:从这里开始,不限于本章,我将基于大脑的认知特点,谈谈我在儿子成长的每个阶段所做的事情,以及我在儿子身上取得的成功。但我不是教育专家,不能保证这些对世上每个男孩的成长都有效。

孩子与妈妈有着心灵相通的默契。特别是在孩子3岁以前,他们能与妈妈产生情绪共鸣。如果妈妈悲伤,孩子就会无条件地悲伤;如果妈妈被激怒了,孩子也会被激怒;如果妈妈感觉良好,孩子就会感觉良好。

因此,应该由妈妈来决定孩子需要什么。如果妈妈认为自己不能做某件事,那就不必做。

男孩建立自我意识的时间较晚,在进入青春期前,他一直把妈妈当作虚拟空间坐标系的原点。对妈妈来说感觉不对劲的事情,对儿子来说肯定也不对劲。对于我的建议,请各位妈妈基于自身的感受判断是否实践。

养育孩子无须遗憾

我相信部分读者的儿子已经到了一定的年龄,因此有些读者会认为我提出的建议为时已晚。

请不必为此感到遗憾。比如,使用爱的话语在孩子的任何年龄段都是有效的,这些话语甚至可以打动一个50岁儿子的心。一个人在生命中的某个时刻所听到的爱的话语,会让他再次感受到迄今为止得到的爱。

在养育孩子的过程中,不可能没有爱。没有爱,孩子就长不大,妈妈比任何人都更了解这一点。妈妈冒着生命危险将孩子带到这个世界上后,还得拖着饱受摧残、睡眠不足的身体,用乳汁喂养他。光是将一个新生儿养育到头可以抬起来,就已经是了不起的成就了。

养育孩子无须遗憾。请不要带着"可惜我没能尝试这种育儿法"的心情来阅读后面的内容。对于不适用你家孩子这个年龄段的建议,请带着"原来还有这招啊"的轻松心情一带而过。

8岁前获得生存能力的基础

孩子8岁之前就会获得生存能力的基础。这是因为掌管感觉和语言等的脑功能区在孩子七八岁时发育完全。

据说，8岁是大脑容量发育的临界期，即这时大脑智力发育基本完成，接近成人水平。

而小脑掌管空间认知和运动。例如，行走就是在小脑的控制下进行的。我们用两只脚轻快地行走时，小脑会一边平衡下半身的多个关节，使其良好地联动，一边预测我们面前地面的坡度和摩擦力，并将当天穿的鞋袜的特点列入考虑范围。在狭窄的通道里，即使有人从对面走过来，我们也能识别对方的步行速度和肩膀宽度，并能在不停止行走的情况下斜着肩膀与之擦肩而过。

如果我们试图用大脑的有意识思维来做这件事，也就是说，在大脑中做这样的思考：地板的坡度几乎为零，摩擦力适中，大脚趾弯曲20度左右，膝盖……那么会导致大脑的运算速度跟不上重力的加速度，我们就会摔倒，无法行走。

说话也是如此。我们使用横膈膜将气息从肺部排出，使声带颤动，巧妙地活动喉壁、舌头和嘴唇来说话——这种行为需要很强的运动能力。此外，声音的大小是根据我们与说话对象的距离来调整的。说话充分运用了小脑的空间认知能力和运动控制能力。

边喂奶边玩手机，是在浪费大好时光

孩子在3岁前小脑发育迅速。3岁左右也可以说是人脑获得语言学习功能的临界期（最晚不超过12岁）。在3岁前，孩子必须充分聆听自己的母语（人生中习得的第一种语言）的发音，并且必须能够自己说话，以掌握语言功能。因此在孩子小脑迅速发育的幼儿期，其对于母语的体验比人们想象的更重要。

然而，21世纪的很多妈妈一有机会就沉迷于玩手机。如果妈妈不用心与孩子对话，那么孩子的母语体验就会变得匮乏。在关注外语教育之前，我希

望各位妈妈用饱含情感的母语与孩子进行大量的对话。为孩子朗读绘本也能帮助其完善语言功能。

自儿子出生那天起,我总会没话找话地跟他聊天,就当他是我的"闷葫芦朋友"。

"好像要下雨了,空气中有股潮湿的气味。"

"我肚子饿了,要不煮点儿荞麦面吃吧。"

…………

喂奶时,我的话匣子一打开就停不下来。据我推断,这么做对孩子语言能力的发展有很大的助益。

宝宝会将眼前之人的面部表情全盘接收,复刻到自身的神经系统中。利用这种强大的技能,宝宝会将妈妈口中吐出的词语识别为发音动作,进而开始牙牙学语。尤其是喂奶时,宝宝更容易模仿妈妈的发音动作,平稳地抽动嘴角肌肉进行搭腔,这对他们发声很有帮助。

我想让宝宝在2岁前充分体验母语优美动听的发音。要知道2岁时孩子的母语发音基础已经形成了。于是，我想到了一个主意：给儿子唱儿歌。

"太阳西下，没入薄暮花田，望见绚丽晚霞，在山峦彼端。"——短短的儿歌里包含了很多音素的组合，大多是我们日常和宝宝说话时不会用到的。此外，这首儿歌描绘的画面也十分唯美动人。

每次喂奶时，我会先告诉儿子妈妈有多爱他，然后给他唱儿歌。

当然，喂奶时要对孩子说些什么，由各位妈妈根据自身的喜好决定。毕竟对于新时代的妈妈而言，唱儿歌或许有些过时。

在最佳时机培养孩子的运动能力

小脑主要负责身体平衡，其基本功能在孩子3岁前就已发育完全。因此，人们普遍认为，对于运用身体运动能力的体育项目和乐器演奏，孩子在3岁后就可以开始学习了。

听说从前日本有一个习俗：让孩子在6岁那年的6月6日当天开始学习舞蹈和三味线①。从脑科学的角度来看，这么做也不无道理。大多数顶尖职业运动员也都是三四岁就开始接触体育项目了。

---
①三味线：日本传统弦乐器，与中国的三弦相似。

话虽如此，孩子从小在山野间奔跑玩耍，也能培养运动能力。即使平时只是让孩子自由玩耍，也足够让他将来喜欢运动。

至于乐器演奏，我希望让孩子在7岁之前就有所体验。不过，在这方面我不会对孩子太过苛刻。如果对孩子过于严苛，使其对音乐产生抵触心理，那就本末倒置了。况且学校也安排了音乐课，父母不用把孩子逼得太紧。

理科学习能力也跟小脑关系很大

除负责身体平衡外，小脑也参与认知，具有多种认知功能，其中就包括空间认知功能和语言功能。

理科学习始于空间认知。认知"距离"和"位置"，理解"结构"与"数量"，最后在大脑中创建一个虚拟空间，游乐其中。支持这一系列"概念游戏"的，就是由小脑主管的空间认知能力。理科生往往被认为异想天开，不擅长运动，但事实并非如此。

我从学生时代开始就热爱舞蹈、竞技体操。一直以来，理科和医学专业出身的选手在这两个领域都有着亮眼的表现。比如，我非常敬爱的国标舞冠军谷堂诚治先生就是理科出身。这样的例子不胜枚举。

我读过一份报告，报告中说小学低年级学生的体能素质与其之后的理科成绩成正比。我以前采访过筑波大学附属驹场高中的一位老师，这所高中每年都有大批学生考上东京大学。当我问"考上东京大学的学生有哪些共同点"时，他列举了几个关键词：早睡早起、吃早餐和运动能力。这位老师表示，运动能力并不是说孩子的速度或力量突出，而在于其身体的平衡、协调能力比较好，令其能够将垫上运动[①]和球类运动都玩转自如。

---

①垫上运动：指利用垫子（或席子）所开展的体育活动，常见的有仰卧起坐、前滚翻、后滚翻等。

理科学习和运动协调都要用到小脑。以前，我一直模糊地觉得，但凡优秀的科研工作者，都有不错的身体平衡能力。果不其然，二者关系密切。

据说，爱因斯坦就十分喜爱拉小提琴、弹钢琴。而写论文时要听巴赫作品的数学家，光我知道的就有两位。

小脑的发育对孩子的运动能力和理科学习能力的发展至关重要；再加上小脑关系到语言能力，所以小脑发育对母语学习能力和沟通能力也有影响。也就是说，小脑的发育关乎人类大部分思维活动。

促进小脑发育的方法之一，就是放纵孩子在山野间或户外玩耍。城市里的孩子可以利用公园里的攀登架和滑梯等存在高低差的娱乐设施自由玩耍。玩耍是激发儿童天赋的最佳途径。

不同年龄段的儿童在一起自由玩耍，可以让孩子观察、接触与之具有不同运动能力的人，从而刺激其小脑发育。

我的儿子是独生子，为了刺激他的小脑发育，我很早就把他送进了幼儿园。如今看来，这个决定很明智。

孩子由妈妈亲自抚养自然是再好不过的事情。不过，养育独生子女的父母，请一定要给孩子跟比他大和比他小的孩子交流、玩耍的机会。

职场妈妈的痛

送孩子上幼儿园是为了刺激孩子的小脑发育。起初，孩子的奶奶和外婆并不同意我那么早就把孩子送去幼儿园。我理解她们心疼孩子的心情。不过，最后我还是用这个理由说服了她们。如果有妈妈对"将孩子托付给他人"这件事产生抵触心理，从而影响自己找工作或重返职场，那么请参考我的做法。

"我想陪在儿子身边""我应该陪在儿子身边"……这些想法当然也一直在折磨我。无论在什么年代，这都是每个职场妈妈心中不可磨灭的伤痛。

儿子15岁时，我内心积压已久的愧疚终于决堤，令我崩溃大哭："我多希望能经常陪在你身边。"儿子温柔地抱住我，说道："是啊，小时候，我总是在等妈妈回家。"

他还对我说："如果让我重生一次，我还是希望你做一位职业女性。妈妈给我带来了外面的新鲜信息。重点是妈妈努力的样子很可爱呀！"——我要把这番话送给所有和我情况相似的妈妈。

各位妈妈，前方有路，就大胆地走。虽然步入职场后陪在孩子身边的时间会变得少之又少，但你们可以试着提高专注力，提高与孩子沟通的质量。

其实，孩子很小的时候就能理解妈妈的痛苦，会支持妈妈。我的儿子就是我的头号支持者，在生活中给了我许多宝贵的意见和建议。我的儿子13岁时就曾批评我没有理财意识，是他点醒了我，让我真正理解了商业的本质。好吧，这也说明我还真是事无巨细地找他商量呢。

孩子发呆的时候大脑在进化

言归正传，我在前文中提到了户外玩耍对孩子成长的重要性，那么在家玩模型车、搭积木就没有任何用处吗？当然不是。室内玩耍同样是锻炼孩子空间认知能力的重要手段，能帮助孩子加深对物体结构的理解。而比这二者更重要的，是发呆。

因户外玩耍和室内玩耍而受到刺激的大脑，需要消化外界输入的信息，将其转化为一种思维。其目的是构筑孩子内在的世界观，提高其想象力和创造力。

当整理内部信息时，大脑会开启与外界暂时隔绝的模式。这就是睡眠的真正意义。睡眠让身体的各项机能恢复的同时，也让大脑功能得到进一步完善。在睡眠时，大脑的记忆中枢忙碌工作，整合信息，确保清醒时更有效的记忆。因此，家有考生的妈妈应该关心的是如何让孩子在短时间内获得充足的睡眠，而不是让孩子临时抱佛脚。

即便醒着，只要大脑觉得有必要，同样会进入与外界隔绝的模式。在旁人看来，那就是一副发呆的样子。

男孩在8岁前大脑快速发育，经常会出现发呆的状况，因为大脑等不到睡觉的时候就进入了信息整理状态。在理科和艺术领域显露出才能的女孩，也具有此种强烈的倾向。

此外，很多男孩即使长大后，也需要发呆的时间。当你发现看电视看得津津有味的老公突然出现呆滞的表情时，那很可能是他的头脑在变聪明！一个男人不管到了多大年纪，当他表现出发呆的样子时，那很可能是他的大脑正在整合信息。这种时候还是别打扰他了。

不过，有些孩子发起呆来，就连早已心中有数的父母也会吓一跳。比如,孩子正要从书包里拿出铅笔盒时,突然当场呆住了。

幼儿园的老师们也不约而同地说:"当园里组织孩子们出门散步时,连2岁的小女孩都会立马戴上帽子、踏起步子;可有的男孩都6岁了,穿上一只运动鞋后,硬是愣住不动了。不过,那样的孩子往往都能考上好学校,还真是有趣。"

想必在那些定格的时间里,孩子的大脑里正风起云涌,建构着内在的世界观呢!希望父母们能够尊重并珍惜男孩们发呆的时光。

我的儿子读小学一年级时,某一天他放学回家后对我说:"妈妈,今天发生了一件不可思议的事情。我发现我到学校时已经上第二节课了。"说这话的时候,他的脸上洋溢着笑容。

那天早上,他像往常一样出门去上学。从家步行到学校,只需短短几分钟。我感到很纳闷儿:他在途中究竟被哪个地方的什么东西迷住了呢?或许这件事与外界无关，而是他脑部的某个区域达到了饱和状态，导致他的世界观发生了变化。外界的刺激也好，内在的变化也罢，一想到他那颗小脑袋里正发生的变化，我就感慨万千。

我的儿子可以连续一个小时沉浸在《太空青蛙》的游戏世界里。这种专注力令我都感到惭愧。

除让孩子到户外或在室内玩耍外，也让他们时不时地发发呆吧！要想让男孩拥有优秀的男性大脑，就需要留出充足的时间供其自由地玩耍、自在地发呆。其实孩子一天下来忙得很，尽管在旁人看来，他们就是忙着玩、忙着发呆，也不收拾东西。

我们母子俩没什么艺术细胞，也没时间上才艺班和补习班。我的儿子不是在攀爬架上或自己的"工作室"里玩，就是在发呆。不过，他倒也正常地完成了学业。

有些妈妈可能感到很焦虑，给孩子报了各种才艺班和补习班。如果你和孩子都能够乐在其中，那当然没问题。不过，倘若你觉得孩子适合慢节奏的学习生活，那就不要想太多，跟着自己的感觉走就好。

我在前文已经提过了，让孩子做什么，由妈妈决定就行。妈妈跟着感觉走，一般不会错。

妈妈的心之所向，是儿子成才的方向

大约25年前，当我拿不定主意该让年幼的儿子参加什么体育运动时，我正好得到一个和广岛东洋鲤鱼①的领队阿南准郎同坐一席的机会。于是，我向他请教："怎样才能判断我的儿子适合参加哪些体育运动？"阿南先生却问起了我的运动史："男孩的运动能力主要遗传自他的妈妈。每年我都会宴请新球员的家人。我发现几乎所有球员的妈妈都曾活跃于体育运动领域。比如，有一位短跑速度很快的

---

①广岛东洋鲤鱼：日本职业棒球中央联盟的球队之一。

运动员,他的妈妈就曾在高中校际田径比赛中获奖。"

再看看我自己,跑得慢,跳得低,挥球拍却接不住球。在运动领域,我几乎一无是处。此外,我唱起歌来也五音不全。还有,我明明画的是一条鱼,人家却问我:"你画的是森林里的动物?有什么提示吗?"

看来我能遗传给儿子的就只有理科思维了——多么惨痛的领悟啊!

我意识到,孩子的大脑在8岁前就基本长好了,并且会继承妈妈的思维能力。因为孩子8岁前,妈妈对其影响最大。

如此一来,妈妈觉得好的事物,对儿子肯定也会带来好处。如果妈妈喜欢打棒球,那么对儿子来说,成为棒球少年不失为一个好的选择。不过,在东京巨蛋[1]掀起的阵阵欢呼热潮中还能打起瞌睡的我,断

---

[1] 东京巨蛋:位于日本东京的一座体育馆,也是日本职业棒球队读卖巨人的主场。

然生不出天赋异禀的"棒球之子"。

因此，各位妈妈可以遵从自己内心的感受来决定向年幼的儿子灌输什么，朝着你们憧憬的方向，坚定地推着儿子前进。就我而言，我希望我的儿子成为一个"能用自己的语言来描述宇宙的人"，职业运动员或小提琴家什么的就算了。

怀胎十个月把孩子带到世上的人是妈妈，陪伴孩子度过生命中最初的重要阶段的人还是妈妈。妈妈的一言一行构成了男孩世界观的基础。妈妈的感觉永远不会错（即使她的想法有时会出错）。所以，各位妈妈，请重视你们自身的感受。

在上补习班、才艺班这件事上，你们可以参考自己丈夫的意见，但没必要心急火燎地随大流，去让孩子上连你自己也不喜欢的课程。

当一个男孩的妈妈是一项光荣而又艰巨的挑战。对我来说，这比在人工智能领域取得的任何成果都更令我兴奋，而且这是唯一一件值得我冒生命危险去做的事情。

如何不吃苦头就能学会忍耐

我在前文建议各位妈妈育儿时要听从自己内心的感受。在第一章中，我还建议大家要对儿子多加宠爱。对此，各位妈妈是否会心生不安：孩子的忍耐力和耐心又该如何培养？不好好管教的话，孩子步入社会后会不会经不起挫折？

这些担忧都是合理的。生活有阴暗的一面，引导孩子正确认识社会中的阴暗面是父母的责任。因此，我借助书籍、电影和游戏给儿子讲述了许多冒险故事。

善用故事的力量，可以让育儿工作更轻松。阅读是一项很好的活动。孩子可以通过读书提升忍耐力和责任感。对9岁至12岁的男孩来说，阅读冒险故事更是一门必修课。

许多故事的主人公都命运多舛，成长过程中经历了许多坎坷与磨难，但他们从不放弃，积极地生活，勇担重任，从而赢得了信任、荣誉和爱。区区几个冒险故事，就能够让孩子对这个世界的残酷有所了解。

通过读书，孩子还会明白责任心和忍耐力的可贵。当然，父母也可以带孩子看冒险题材的电影、电视剧。只不过，阅读是将文字信息转换为图像的活动，可以刺激大脑的各个部位，从而促进大脑发育。因此，我建议早期阶段还是要以阅读为主，慢慢地再向观看影像过渡。

下围棋或象棋虽然属于抽象的脑力活动，但论对大脑的作用，这二者与冒险故事有着异曲同工之效。倘若孩子正沉浸于黑白对弈的乐趣中，那么没必要把孩子从围棋世界里硬拉出来，强迫他阅读。不过，最好让孩子保持一定的阅读量，因为这将有助于提升其对弈能力。

8岁之前是大脑发育的黄金期。这段时期，脑神经纤维会急剧增加。脑神经纤维的多少决定了一个人聪明与否，运动神经发达与否，艺术思维、交际思维、战略思维等活跃与否。丰富的生活体验有助于脑神经纤维的增长，而充足的睡眠有助于促进脑细胞的产生。因此，人生的这一时期，重要的是体验和睡眠。

光凭日常生活中的体验是不够的。普通小学生没有机会勇闯死亡谷，遭遇海盗袭击，邂逅妖精女王，登上远洋渔船，但他们能在冒险故事中"经历"这一切。幻想的大门一旦被打开，孩子们就会发现，原来这个世界有各种不幸、挫折，但同时也有克服它们的智慧和勇气。换句话说，阅读就是带给大脑不同的体验。一个爱读书的孩子大脑获得的信息，要比不爱读书的孩子多出许多倍。让孩子爱上阅读，对他的大脑发育至关重要。

如果孩子不喜欢阅读冒险故事，也可以让他阅读历史书籍。希望父母可以给自己的儿子呈现不同于现实生活的世界，给其讲述与其年龄相仿的主人公们应对各种挫折的故事。

孩子的睡眠和学习，孰轻孰重

关于睡眠，我想做一些补充说明。

当孩子的大脑处于发育阶段时，孩子对睡眠会有很大的需求。尤其是13岁至15岁的孩子，其大脑正处于从儿童型向成人型过渡的时期，因此他们总是一副困倦思睡的样子。孩子困了，就让他睡吧，那是大脑的需求。

当我的儿子处于大脑发育黄金期时，我把他的阅读和睡眠放在首位，故而没让他参加幼儿园升小学的考试。此外，为了让他在小脑发育期（3岁前）能够尽情地玩耍和发呆，我也压根儿没考虑让他参加上幼儿园的考试。后来，我的儿子升入初中后，我依然确保他拥有充足的睡眠。

不过，据说睡眠需求量存在较大的个体差异。有的小学生只需要7小时睡眠时间，而有的成年人却需要8小时以上。每个人都要找到适合自己的最佳睡眠时长。

有些孩子即使熬夜学习也能学进去。如果孩子能不眠不休地投入学习，这说明他的大脑强大到可以令他自己时刻保持清醒。对于这样的孩子，父母大可不必为"牺牲孩子的睡眠时间，让他备考是个错误吗"这种问题而伤脑筋。

不过，倘若家里读初中的男孩，其成绩和身高都停滞不前，父母就应该关注孩子的睡眠是否充足。睡前有两个注意事项：一是晚上10点后不要接触电子设备，二是睡前不要吃甜食。电子屏幕会对眼睛造成一定的刺激，孩子闭眼后视觉神经会保持一段时间的紧张状态，导致入睡困难。而洗完澡后吃的冰激凌或许很美味，但睡前血糖升高，会使大脑处于兴奋状态,从而导致睡眠质量变差。如果孩子早晨起床时感觉身体僵硬或动作迟缓,就需要重新审视一下生活习惯了。

读初中的孩子回到家不复习功课,到了傍晚就开始呼呼大睡,这让父母见了气不打一处来。然而只要换个角度想,孩子睡觉的时候大脑其实也在发育,父母们是不是就能心平气和一些呢?

让孩子爱上阅读的方法

家有9岁男孩,如何让他喜欢阅读冒险幻想类文学作品?在这之前,请先帮孩子养成爱阅读的好习惯。否则,就算你摁住他的脑袋,硬逼着他读,他也只是走马观花似的随手翻一翻罢了。阅读不经大脑,就是竹篮打水、白费功夫。

不过,孩子阅读习惯的养成不是一朝一夕的事情。阅读要从娃娃抓起,而第一步就是要让孩子接触绘本。

阅读行为本身是复杂而枯燥的。阅读一本书时，要用眼睛扫视书页、阅读文字、解读文字符号、咀嚼消化内容，最后在大脑中构成形象，这对身心造成了很大的压力。即便是爱读书的人，有时翻开一本新书，也会缺乏兴趣，痛苦片刻。不过，当我们本能地相信书很有趣，自然就会接着往下读。

要达到这种境界，在人生的早期阶段，向孩子灌输"读书很有趣"的观念是很重要的，而阅读绘本便是灌输这种观念的重要手段。要让孩子知道，翻开一本书，就是打开一个奇妙的新世界。要把这个认知嵌入他的潜意识中。

那么，幼儿读什么样的绘本对大脑发育有好处呢？答案是图画比较简单，文字包含"笑嘻嘻""哗啦哗啦""嘎吱嘎吱"等读起来感觉很欢乐的拟声词。希望父母能和孩子一起愉快地翻书，反复朗读，开怀大笑。和孩子一起经历阅读绘本的阶段后，父母再慢慢地把目光转向纯文字读物。

读书最基本的乐趣

事实上,对词语的敏感度,或者说语感,来自发音时的身体感受。

当我们发出"gyu[①]"这个音时,喉咙会产生紧缩感。柔软的喉管往一处挤压的感觉会直达脑部。那里是将运动感觉转化为图像的地方。换句话说,当我们发出"gyu"这个音时,脑部就会产生挤压感。

例如,当孩子面前的绘本上有一张母鸡抱小鸡的图片,并附有"gyu"的发音时,倘若孩子自己发出"gyu"这个音,那么他就会感觉好像有人在拥抱自己。这就是除文字、图片之外,绘本呈现给读者的现场感和真实感。这正是读书最基本的乐趣。

[①] gyu:日语里的一个拟声拟态词的发音,是抓牢、抱紧时发出的声音,类似中文里的"咯哟"。

此外，婴幼儿时期的孩子具备把眼前之人的面部肌肉动作转移到自身神经系统的能力，就好像他们自己在发声一样。当妈妈发出"gyu"这个音时，宝宝会感觉自己好像被妈妈拥抱了一样。

更重要的是，在婴幼儿时期，比起自己的发音，妈妈的发音听起来更加真实。

给孩子读绘本对孩子的大脑造成的刺激作用要远超我们的想象，这既是孩子享受读书乐趣的起点，也能培养孩子基本的交流能力。

请大家一定要体验亲子共读绘本的乐趣。

孩子8岁前，要读书给他听

8岁以后，当语言功能完善后，孩子只要一看到书面文字，就能在脑海中将其转换为发音时的身体感受。不需要别人读给他听，不需要自己读出声来，孩子就能从文字信息中直接创造出真实感。

反过来说，在此之前的阅读是缺少真实感的。这就是为什么小学低年级的老师都会要求学生在语文课上大声朗读。朗读是脑科学中相当重要的课程。

因此，在孩子能够自己朗读之前，家长要乐此不疲地读给孩子听。孩子8岁左右时，会开始对朗读这件事感到不自在，这是其阅读能力大大提升的信号。

我有一个从事日语研究工作的女性朋友在少管所做绘本朗读志愿者。她曾受邀在少管所开设"话术课程"。据说，因一时冲动而犯罪的青少年沟通能力普遍较差。他们没办法用语言表达自己的感受，也无法推测他人的想法和感受。这就是为什么他们最终会诉诸暴力。在他们回归社会之前，沟通能力亟待改善，这是我朋友面临的一大课题。

然而，对那些青少年采取普通的手段是行不通的。她的努力得不到半点儿回应，课堂效果基本为零。偶然间，煞费苦心的她无意中问了一句："你们的妈妈给你们读过绘本吗？"所有人都对着她摇头。我的朋友说，或许当中也有几个夸大事实的孩子，但大多数孩子看着她时，眼里充满了困惑，那种眼神是骗不了人的。

就这样，她启动了"读绘本给你听"的计划。据说，那些男孩被人生第一本绘本触动了心弦。一个被称为"大块头"、连大人都忌惮三分的男孩在读了《活了100万次的猫》后，潸然泪下。我想，绘本可以开发任何年龄段的人的大脑。

在我喜爱的电视剧《虽然是精神病但没关系》中，有一个场景是心灵受创的主人公通过阅读绘本，从过去的束缚中解脱出来。那是一本怪诞而又温馨的、不可思议的绘本。

即便是成年人，当感觉人生暗淡无光、走投无路时，打开绘本看一看，或许会"柳暗花明又一村"。

让孩子爱上阅读的方法（亡羊补牢篇）

要让处于叛逆期的儿子乖乖坐在一边，听妈妈给他读绘本是一件非常困难的事。

如果男孩已经不止 8 岁，并且成了一个不爱看书的孩子，那么亡羊补牢的方法大概只有一个——那就是让孩子看到父母享受阅读的画面。不用强迫他，而是让他在耳濡目染中自然而然地养成阅读习惯。

父母应该利用业余时间在孩子看得见的地方看书。可以在床头柜或客厅摆放一些书，并巧妙地将冒险故事书纳入其中，然后像推荐美食一样（"这东西可美味了，你尝尝看吧"），找准时机向孩子推荐这些书："这本书太有趣了，你读读看吧。"

向孩子推荐风靡全球的"哈利·波特"系列小说是不会错的。我的儿子最喜欢的是乔纳森·斯庄德的《巴特伊麦阿斯》三部曲。这些作品趣味十足，连成年人也难以抗拒。

通常情况下,抱怨孩子不看书的父母,家里基本没什么书,父母也不会在孩子面前看书。

就像出身音乐世家的孩子,平常接触到许多乐器,自然而然就会喜欢上音乐一样,要让孩子爱上阅读,就需要父母为其创造环境,让书籍自然而然地成为生活的一部分。

这就是为什么我对电子书的普及持怀疑态度。在电子产品如此发达的时代,成年人利用电子设备阅读,这无可厚非。然而,要让孩子自然地接触书籍,就少不了纸质书。翻阅纸质书会使孩子的触觉神经受到刺激,有助于其大脑发育。因此,纸质书绝不能丢。

书籍是充实大脑的最好营养品。为了培养孩子的阅读兴趣,请父母扮演好爱读书的角色。这么做绝对值得。

珍惜读书给孩子听的时光

我的儿子15岁生日那天,我对他说:"你长大了,妈妈的育儿使命基本完成!以后咱们就做好朋友吧。"然后,我接着问他,"对了,你对妈妈的教养工作哪一点最满意?"

我本以为他会含糊其辞地敷衍几句，结果他竟脱口而出："是读书给我听。"

读书？

看着一时之间愣住的我，儿子说道："对啊，你不是经常读绘本给我听吗？比如《第51个圣诞老人》。"

当他说出那令人怀念的绘本名字时，我的嘴角不禁上扬："对，这本书我是给你读过。还有主人公身体变得很小、去冒险的那个故事。"

"《微观探险队》！"我们几乎异口同声地喊出了书名。

我们挤在一个被窝里、我读绘本给他听的那一幕幕场景又浮现在我的眼前。我一时心血来潮，说："好久没读了，要不我现在读绘本给你听？"

"不必了。"儿子面无表情地说道。这也难怪，谁让他已经进入青春期了呢，我并不怨他。

只是那一刻，我突然意识到，我的育儿工作真的结束了。我家再也没有孩子需要我读绘本给他听了！事实是，8年前就已经如此了。可那一天，这个事实再次给了我迎头一击。泪水刹那间溢出了我的眼眶，顺腮而下。

这一幕把我的儿子吓坏了。"你要是那么想读的话，那就读一下？"为了照顾我的情绪，儿子说道。

我不管不顾地号啕大哭起来。明明什么都还没有做，我的育儿生涯就这么结束了。我应该多陪陪他的，我应该多读点儿绘本给他听的，我应该多……

当儿子还小时，我总觉得育儿这件事会永久地持续下去。然而，光阴似箭，岁月如梭，那段时光不过弹指一挥间而已。

请各位妈妈一定要珍惜孩子依偎在你身边、你读书给他听的时光。

第三章

如何培养有爱心的男孩

在日本，母子之间是不怎么把"爱"字挂在嘴边的。不少父母和孩子说话时，不是"我说你做"，就是唠叨抱怨。我妈妈就曾吐槽说："你弟弟说话太冷冰冰的了。"

为什么男孩不愿意把"爱"说出口呢？这自然是因为做父母的不把"爱"说出口啊。

因此，我在这一点上做出了改变。我试着向儿子灌输某些表达方式，希望这些表达方式可以经常出现在我们的日常对话中。

人脑和人工智能一样（实际上人工智能是在模

仿人脑），如果不往里面输入一些好听的话，好听的话又怎么出得来呢？

此外，妈妈对儿子说话时应该态度温和。

男性大脑从青春期开始加速显现其特征。这一时期，男孩体内最重要的雄激素——睾酮的分泌量会急剧增加。而过了14岁，男孩的交流模式就会定型为男性大脑的交流模式，即优先解决问题。但是在此之前，他们是有机会自然地学会共情式沟通的。

换句话说，在男孩进入青春期之前，应该让他学会共情式沟通。如此一来，男孩既能做妈妈一辈子贴心的"小棉袄"，日后与女性沟通时也不至于吃苦头。

只有妈妈才能塑造出理想的男孩——一个善良到可以抚慰女性心灵、在重要时刻不吝惜表达爱的男孩。等孩子成家后，他的妻子想再培养他，就为时已晚了。

"我无力改变自己的丈夫,但我不希望儿子变得和他爸爸一样。"很多女性都抱有这样的想法。可倘若妈妈说起话来完全不顾及他人的感受,其儿子就不可能明白什么是共情式沟通。

在本章中,我会阐述如何将儿子培养成一个有爱心的人。

给孩子的大脑输入"喜欢"与"爱"

打儿子出生那天起,"宝贝,妈妈喜欢你,妈妈爱你"就成了我的口头禅。慢慢地,儿子也会自然而然地对我说:"妈妈,我喜欢你,我爱你。"儿子读小学时,在向我道"晚安"之前,肯定少不了这句话。

有一天,我一时兴起,向还在读小学的儿子提了个问题:"儿子呀,你对妈妈又是喜欢又是爱的,这二者之间有什么区别呢?"

儿子毫不犹豫地回答:"喜欢是一时的心情,而爱是我会永远喜欢下去的承诺。"

天哪,儿子,你是未来的天才编剧吗?

自从儿子进入青春期以后,他就不再把"喜欢"和"爱"这种字眼挂在嘴边了,除非我问他。不过,这没关系,因为他会通过其他方式体贴我、关心我。

当我撞到手,疼得直咧嘴时,他一定会问:"没事吧?"当我伸出受伤的手时,他会轻轻地摸一摸,

并问,"要不要冰敷一下?"

当我丈夫在一旁吐槽"又不是什么严重的伤,瞧你,小题大做"时,儿子还替我说话:"妈妈疼的不是手,是心呀。"

其实,我也是用这种方式培养儿子的。当他摔倒了,我会飞快地跑到他身边,把他扶起来。比起他腿上的疼痛,我更想安抚他因摔倒而受到打击的心灵。

我认为孩子感到的疼痛不只来自身体,还来自心灵。尽管我从未将这个想法说出口,但儿子对此心知肚明。

为孩子积攒爱

当儿子刚出生时,只要他一哭,我就会迅速赶到他的床边。

我的妈妈告诫我说:"你何不等孩子不哭了再过去?让孩子哭一哭能锻炼肺活量。"可我希望能在儿子用哭声向我传达他的不安时，立马赶到他身边。我相信，我们之间会因此建立信任。

大家不妨想一想，不久前，孩子还舒舒服服地在柔软昏暗的子宫里安眠；他刚来到这个世界，一阵风声、一片云影，甚至是一点儿光亮都会让他感到不安。我想让他知道，每当他哭的时候，妈妈都在他身边，他不用担心任何事情。

别宝宝一哭就抱，否则会养成要大人抱的习惯，到时候就放不下了——不知道现在是不是还流传着这样的训诫。以前大家都这么说，我却不以为然。让宝宝一个人待着，他就不会想要大人抱了——这难道不是宝宝出于不信任而放弃求助的举动吗？

我不忍心看到我心爱的儿子因为"哭了却没人管、没人问"而放弃努力。所以，只要他哭，我就会立马冲到他身边，把他抱起来。就我儿子而言，他并没有养成总是要大人抱的习惯。

我看到一些妈妈，明明宝宝在哭，可她们要么自顾自地玩手机，对孩子的哭声置若罔闻；要么推着婴儿车继续走，一副无动于衷的样子。那是在锻炼孩子的肺活量吗？那样就可以避免孩子养成总要大人抱的习惯吗？

每个人都有各自的育儿方法，所以我认为那样做并没有什么问题。但是将来你要是哪里不舒服了，孩子很可能也不会立刻赶来对你嘘寒问暖。人心都是相互的，你对他好，他就对你好。请各位记住这一点。

爱就像金钱，如果不存就没得用。如同为孩子储存教育基金，我们也必须为孩子积攒爱心。

我虽然没攒下什么钱财，但是成功攒下了一笔不菲的爱的资产。到目前为止，我的儿子算是一个"爱的大富翁"。他可以毫不吝惜地付出自己的爱，并且会加倍奉还给了他爱的人，有来有往，从不消减。

及早确定育儿目标

我生孩子那年是 32 岁。当时,我从事人工智能研发工作已有 8 个年头了。在这个没有巨人肩膀的领域,我积累了一定的经验,也算是个小领导。从工作的角度来说,让我养育一个孩子,就好比让我开发一个新项目,项目内容就是培养人脑。

一个项目必须有一个长期目标。不设定目标的话,就无法评估项目进度。把握不了项目进度,就会迷失在日常的决策细节中,被他人的意见左右,最后误入歧途,以失败告终。

20 世纪 90 年代的人工智能领域需要我们不断开辟新的道路。我深切感受到制订长期目标对项目实施的重要性。

同样,育儿目标要及早确定。当我得知自己生了个男宝宝时,我脑海里浮现出一个想法——把儿子培养成一个令妈妈也着迷的好男人。这就是我的育儿目标。

他不必成为人们口中的"好孩子",但我希望他吃鱼时吃相文雅;他不擅长考试也没关系,但他必须具备良好的理科思维和语言表达能力。语言表达能力是指能够准确地输出浮现在自己脑海中的图像的能力。我理想的儿子是一个能用自己的语言来描述宇宙的人。只有能在主观与客观之间取得平衡的人才能做到这一点。

我的儿子可以不完美,但我希望他可以勇敢地面对困难,战胜生活中的挫折。我希望他高大而又不失可爱,能够拥有很好的人缘。

对于才艺,我不想盲目跟风,强迫孩子学这学那。我希望孩子可以抱着轻松愉悦的态度对待音乐和美术。我希望他能够淡然优雅地享受生活。在这方面,我不会逼迫孩子,整天唠叨"学了就要坚持,不能半途而废""下节课开始之前必须好好练习"之类的话。强扭的瓜不甜。把本应点缀孩子人生的音乐和美术与痛苦的回忆挂钩，可不是让人喜闻乐见的结果。

最重要的是，要尽可能地宠爱孩子。这个世界不是一个痛苦的地方。我想让儿子知道，即使眼下有痛苦，那痛苦也是通往美好未来的基石。孩子步入社会后难免要遭到社会的"毒打"。当早早地被送去幼儿园后，他就会见识到生活中的不如意。但当他和我在一起时，我希望让他觉得这个世界是一个温馨舒适的地方。为此，我一秒钟都不能浪费。用世人的眼光来要求他，美其名曰"管教"，这种事情我做不到。

以上这些都是目标一确定后，就自然而然地浮现在我脑海里的育儿方针。

令妈妈也着迷的好男人

事实上,我就是按照自己的育儿方针来养育儿子的。而我的儿子也如我所愿,长成了一个令我也着迷的好男人。

一辆行驶里程达到几万千米的摩托车见证了他的青春。我的儿子物理专业研究生毕业后,进入一家汽车设计公司工作。前年,他遂了我的心愿,跳槽到了我所在的公司。目前,他是我们公司研发团队的中坚力量。他的商业头脑几乎无可挑剔。

后来,他奇迹般地给我们带回来一个可爱的儿媳妇。就这样,我和丈夫收获了一个很棒的女儿。儿媳妇邀请我们和他们一起生活,和儿子一起为我们建造了一栋很漂亮的房子。她还为我们做美味可口的饭菜。发生地震房子摇晃时,她急急忙忙地从三楼的房间跑到一楼我们的房间。说实话,比起地震,儿媳妇慌慌张张的脚步声更吓人呢。

去年，他们买了一片森林，周末老往那里跑，在那儿盖房子。上周我去参观了他们的森林。正值8月，在那片生机盎然的森林里，我阅读了最喜欢的推理杂志的最新刊。巧合的是，杂志上的故事也发生在8月，美国怀俄明州的一片树林里绿意盎然，昆虫鼓翅声隐约可闻。

不一会儿，我的儿子用炭火烤好了牛排，他的好友则端来了做好的三明治。生活如此，还有什么可奢求的呢？

当有人问我"你的儿子有什么缺点"时，我完全想不出来。

一定要把孩子培养成精英吗

如果用社会标准来评价我的儿子，那他大概只能排在中下游。他早晨上学磨磨蹭蹭的，没法利落地收拾自己;不会自觉做作业(他甚至没意识到有作业);对学才艺不感兴趣;成绩不理想(我不认为他脑子笨,但他因为迟到和忘记做作业被扣了不少分,以至于我拿不准他的真正实力);跑步成绩通常是垫底的(如果有目标,他跑得比谁都快,他不喜欢单纯的跑步);不会打扫、整理;没法打乱自己的节奏;走起路来慢腾腾的……

正如我在前文中提到的,我的儿子读小学那会儿,有时候明明准时去上学了,可等他到了学校,已经上第二节课了。高年级的孩子把他称作"姆明[①]君",低年级的孩子则唤他"龙猫[②]哥哥"。不仅仅是长相,他整个人散发出一种不谙世事、温润如玉的气质。

他读小学六年级时,大部分同学都在为小学升

[①]姆明:出自托芙·扬松与拉尔斯·扬松创作于1940年的故事《姆明》,姆明是一只可爱天真、喜欢冒险的精灵。
[②]龙猫:出自宫崎骏执导的动画电影《龙猫》。龙猫乐观开朗,性格温顺,具有精灵般的魔法力量。

初中的考试而忙得不可开交。其他孩子的妈妈会拿我打趣："我一看到你的儿子，整个人就松了一口气。他让我明白原来人还有这种活法呀。"

我不会责骂我的儿子，不会追在他屁股后面督促他学习。我没送他去上补习班，也不会关注升学考试，更不热衷于上亲子课。周围的人时常给我敲警钟："你这样的话，孩子将来会变成'啃老族'的！"对此，我一本正经地回应："我的儿子以后要是'啃老'，就让他一辈子待在我身边吧。这倒也不错。"这话让好心提醒我的人哑口无言。

相反，我不明白为什么那么多妈妈要把自己的孩子培养成精英。如果孩子成了叱咤商界的企业家或外交官，那他不就不能经常回来看妈妈了吗？

如果孩子成了拥有一双"上帝之手"的医生，那他会忙得连回家的时间都没有。各位妈妈那么煞费苦心地把心爱的儿子送往补习班，为的就是让孩子远离自己吗？

当然，当今世界需要这些人才，但何必是我的儿子呢？要是儿子怀有这种远大抱负，那我不会反对。如果儿子没有这样的志向，何必逼迫他呢？

我是怀着这种心情来养育儿子的。在我眼里，那些为了把儿子培养成才而倾尽心血的妈妈实在是太耀眼了。

理想的妈妈

我的母校——奈良女子大学是一所因"贤母"辈出而闻名的大学。当我在工作场合遇到一些成绩斐然的企业家和文化界人士时，我经常会跟他们搭话："我和我母亲都是奈良女子大学毕业的。"奈良女子大学的校友们孜孜不倦地培养了大批优秀的子女。

我有一个同学，她跟孩子们相处得十分融洽，从不追在孩子们屁股后面催他们学习。她的女儿毕业于英国名校，而后进入日本外交部工作；她的儿子在读东京大学期间就通过了律师资格考试。那两个孩子都十分腼腆可爱，如今他们也都找到了合适的人生伴侣，享受着惬意的人生。

我这位同学一边与远在大洋彼岸的孩子保持着联系，一边享受着自己的静好时光，每天沉浸在自己喜欢的事情中。她似乎并未刻意把他们培养成精英，只不过当孩子们找到各自的兴趣时，那兴趣恰好属于所谓"精英行业"。

当人们问我"什么样的妈妈是理想的妈妈"时，我脑海里闪现出了她的身影。她是如何做到游刃有余地应对孩子们的成长，在不吝惜母爱的同时，还能让孩子们顺利进入名校的？她又是如何培养孩子们的社会责任感和使命感的？如果她出育儿书，我一定会拜读。

我对精英和精英的妈妈并没有任何成见。事实上，我打心底佩服他们。但那不是我们母子的风格。

在培养"令妈妈也着迷的好男人"这件事上，我们所描绘的理想儿子画像各有千秋。

各位妈妈只需朝着自己规划的方向塑造自己的孩子就好。不过，无论如何，请不要吝惜表达对孩子的爱！

身为男孩，这样做很差劲哟

培养出一个"令妈妈也着迷的好男人"有一个好处，那就是不用我这个当妈的费太多口舌去管教他。简简单单一句"身为男孩，这样做很差劲哟"，就能解决很多问题。

举个例子，当儿子在幼儿园的朋友来家里玩时，起初他内心挣扎着要不要把玩具给别人玩。作为独生子，他还不习惯自己的世界被别人打乱。我对他说："身为男孩，这样做很差劲哟。"他听了，便用一副地道的东京老爷爷的口吻跟我道歉："啊，对不住。"然后把玩具拿给了朋友。

当他没摆好脱下的运动鞋时,当他吃鱼的样子不太文雅时,当他没能好好打招呼时,我只要说这句话就能轻松搞定他。多亏了这个"杀手锏",我在养育儿子的过程中,几乎不曾疾言厉色地斥责过他。

话语会建立某种人际关系。当我们对孩子使用命令语气时，我们与孩子之间便会建立起一种支配关系。最终，当孩子长大，其心智与我们成年人的旗鼓相当时，孩子就会反抗我们，并轻易地离开我们。当我们老了以后，孩子同样会用命令的口吻责骂我们："我不是告诉过你不要做吗？"这就是为什么我尽可能地避免对孩子使用命令的口气。

吃东西时，我不会口气强硬地要求儿子："你必须吃！"而是站在他的角度建议他："这东西对你的健康有好处，你尝尝看。"到了洗澡时间，我会语气柔和地试探孩子："水放好了，你可以先去洗吗？"而不会颐指气使地命令他："快去洗澡！"孩子放学后与其督促他："赶紧做作业！"不如相信他："作业没问题吧？"

甚至在他很小的时候，当他把我辛辛苦苦做的辅食 虾仁布丁吐出来时，我也没有责怪他，反而会问他："是不是不合你的口味呀？"

换句话说，我是用与成年人对话的口气来跟我的儿子说话的。不过，唯独早上上学前，我必须用命令的语气催他："快点儿！"因为如果我不这样做，他会磨磨蹭蹭，天天上学迟到。而大部分情况下，只消一句"身为男孩，这样做很差劲哟"，就能解决问题。

一句"比较酷"堪称"杀手锏"

说做某件事"比较酷"也是一招"杀手锏"。

许多父母斥责孩子时，总会扯上其他外界因素，比如"你这样会被店员骂的，安静点儿""你不学习的话，会被老师骂"。而对孩子说诸如"保持安静，那样比较酷""去学习吧，那样比较酷"之类的话，可以既不失威严，又能让孩子容易接受。

此外，当妈妈评判孩子"酷"还是"不酷"时，通常孩子会无还口之力。比起遭到别人责骂，男孩被妈妈认为很糟糕时受到的打击更大。毕竟，妈妈是男孩虚拟空间坐标系的原点。别人认为自己不够好，这只是一次打击；而妈妈认为自己不够好，这是足以动摇世界观的巨大冲击。

爸爸也可以在儿子年幼时使用这招"杀手锏"。不过，当孩子进入青春期以后，除非你是一个非常酷炫的爸爸，否则当你使用这招"杀手锏"时，很有可能遭到孩子的"反杀"。但无论孩子年纪多大，妈妈说这句话的效果永远很好，因为这是女人对其所爱的孩子所说的话，其中饱含了她对他成为一个好男人的希冀。

依靠孩子是一个绝招

还有一种方法，就是干脆依靠孩子。

如果孩子在公园的攀爬架上玩得乐不思蜀，妈妈不必气冲冲地催他："该回家了，你快点儿下来！"

妈妈可以试着向孩子表达自己的困扰："如果再不回家，我就没时间做咖喱饭了。这可怎么办？"

多数情况下，就算不听话的孩子听到这话，也会收起玩心："知道啦，咱们回家吧。"不过，有时候孩子可能会就此提出别的建议，比如"今天吃酱油拌饭就行"。对此，妈妈有时也不得不苦笑着予以采纳吧。

大脑是相互作用的，它在不断地衡量自身与他人的关系。而语言可以在瞬间改变这种关系。

被依靠的一方会自然而然地占据当下的支配地位；而支配者必须克制自己，考虑全局。这种模式在亲子关系中同样适用。

当家里的兄弟间出现争执时，父母往往会劝哥哥做出让步："你是哥哥，所以你得忍耐。"例如，当弟弟哭着要哥哥的玩具时，父母通常会强硬地要求哥哥把玩具让给弟弟，因为这是最方便的解决办法。殊不知这会给哥哥造成一种不好的印象：原来大人是可以这样蛮不讲理的。

即便兄弟间的争吵得以平息，哥哥心里也会产生积怨。久而久之，兄弟关系很可能会进一步恶化。

在这种情况下，不如换一种做法。比如，妈妈试着引导弟弟："这个玩具对哥哥来说很重要，你明白吗？"与此同时，询问哥哥的意见："弟弟想玩你的玩具，你怎么看？"

"弟弟还小,还听不懂咱们的话。我应该在他看不到的地方玩。""我就借给弟弟玩一会儿吧。""妈妈,你也该给弟弟买些玩具了。"……哥哥可能会就此提出一些自己的意见。

如果哥哥默不作声,妈妈可以选择成为哥哥的"共犯"。"你能借给弟弟玩一下吗?我会想办法转移他的注意力。"

被依靠的男孩会变得勇敢、聪明和坚强。

家里有多个男孩时该怎么做

家里有多个男孩时,父母可以视情况有针对性地依靠他们。比如,让哥哥帮忙尝咖喱饭的味道,问弟弟该买哪种花。这么做可以引导每个孩子发现自己擅长的领域。

另外,妈妈可以适当安排与每个孩子单独"约会"。如果不是在一对一的情况下,男孩很难学会共情式沟通。女孩就算在周围有人的情况下，也可以坦然地谈论自己的感受，而这对男孩来说很难。因此，我希望妈妈在丈夫或其他人的帮助下，试着为家里的每个男孩腾出一对一的交流时间。

特别是对大儿子来说，当弟弟们出生后，他从"独生子"转变为"哥哥"。我建议妈妈可以偶尔把小儿子交给丈夫照看，以确保大儿子每周至少有一次与妈妈独处的机会。就算只是去附近的公园也没关系，重要的是和他两个人去，而不是带着其他孩子一起。

家里的老幺大多有和妈妈单独相处的时间，因为哥哥们已经到了不需要精心照料的年龄。此外，要注意不要忽视夹在中间的孩子。

如果有读者认为这种做法太麻烦，那么让我来告诉你们一个秘诀，那就是让爸爸在孩子们面前亲身示范什么是共情式沟通——让孩子们在日常生活中看到爸爸对妈妈关怀备至、体贴入微的场景。

男孩的大脑以空间认知为优先，他们善于从形状、结构入手去认识事物。"火车跑得快，全靠车头带。"有一个好榜样在身边，孩子们会做得很好。

妈妈要尊重男孩的榜样——爸爸

教养多个男孩还有一个诀窍——在所有兄弟都在场的情况下，应该按老大、老二、老三的顺序来让他们帮忙，除在某些特定的情况下需要根据孩子各自擅长的领域外，有针对性地依靠他们。吃饭时，饭菜也要按顺序端上桌。

正如我在本书中多次提到的，男性大脑擅长空间认知，对距离和位置很敏感。这种倾向同样适用于抽象的认知，比如长幼尊卑的排序。

男孩的大脑也一样。如果排序变来变去，男孩就会感到混乱，思维受挫。按长幼顺序来管理家里的孩子们，他们的大脑就会处于比较安定的状态。

老二处在第二的位置，反而没什么压力。

女性的自我意识较强，喜欢与他人一较高下。如果家里有一对姐妹，姐妹俩谁都可以是"第一"。姐妹间的排序随时发生变化，这样才算是正常的现象。今天姐姐表现最好，明天妹妹表现最棒。这样一来，孩子们的压力也会减小。

妈妈容易忽略男孩潜意识里注重的长幼排序，这一点需要注意。如果妈妈在育儿上遵守长幼排序原则，兄弟间的争吵就会少很多。而位居最高的应该是孩子们的爸爸。把丈夫当成是家里的"头号儿子"吧：询问长子意见前，先问问爸爸的意见；叫长子吃饭之前，先招呼爸爸吃饭。

之所以这么做，是因为男性大脑具有借助榜样的力量实现成长的特质。爸爸是儿子在这个世界上认识的第一位成年男性。通常爸爸会成为儿子人生当中的第一个榜样。

如果妈妈在家不把儿子眼里的这个榜样当回事，

那么儿子的积极性会受到严重打击。一想到自己寒窗苦读十多年，含辛茹苦工作数载，结果却要步爸爸后尘，沦落至此……可以想象，儿子可能连九九乘法表都提不起兴致背诵了。

相反，如果儿子生命中的第一个女神——妈妈尊重自己的榜样，那么儿子会暗自下定决心："我要努力学习，向爸爸看齐！"

因此，要想激发儿子的学习欲望，妈妈就必须在儿子面前维护丈夫的体面，不管是为了丈夫，还是为了儿子。

做妈妈不需要完美

做妈妈的与其扮演一个完美的成年人，倒不如坦率地展现自己的不安和困惑。当事情进展得不顺利时，就算表现得惊慌失措也没关系。

当家里有一堆家务活儿等着我去做时，我就会感到心烦意乱。有一次,我得给家人做饭、洗运动衫、回一封家长会的邮件……一堆事情等着我去做,不巧的是我的一份重要文件找不到了,而且还错过了交稿的最后期限。偏偏就在这时候,我还失手把牛奶打翻了。真是屋漏偏逢连夜雨。我蛮不讲理地把气撒在了儿子身上。儿子却心平气和地抱着我,劝我冷静下来,还安慰我说:"没事的,没事的。"那一幕和他惊慌失措时我安抚他的情景如出一辙。

儿子曾经给了我满满的爱,现在也依然如此。我想这是因为我教会了他在这种情况下该如何展开共情式沟通,也因为我依靠他。

如果一个男人察觉不出妻子的日常变化,连一句温柔的话都不会说,那么他的妈妈肯定拥有"自我实现型"人格。越能干的妈妈,养育出的男孩越不懂得说温柔的话。妈妈为养育孩子呕心沥血,结果换来的却是孩子的冷淡对待。

一个追求完美的婆婆,会通过对儿媳妇指手画脚来干涉儿子的家庭生活。有个不解温柔的丈夫，必定会有个骑在儿媳妇头上的婆婆。假如你感受过来自他们的哪怕一点点压力，而你又不想变成那样的婆婆，也不想让儿子变成丈夫那样的男人，那么请放弃完美主义。这样一来，你会更轻松。

即使你是一个能力很强、做事有条不紊的妈妈，你还是可以找孩子帮忙。"你能帮我尝尝土豆炖肉

的味道吗？""你觉得这身衣服怎么样？"

请记住，做妈妈不需要完美，可以时不时地找借口请孩子帮忙。

如果你请孩子帮忙试吃，他自然会对烹饪产生兴趣。如果你向他请教一些审美问题，孩子长大后就能敏锐地察觉女友或妻子的衣着和发型变化。

时不时找儿子商量事情

当我这个做家长的跟儿子商量家里的事情时，儿子反倒会当起我"心灵的家长"。

"我得去扫墓。你可以和我一起去吗？"我问儿子。

"换纸拉门的话，要怎么弄呢？"一些鸡毛蒜皮的小事我也会找儿子商量。

儿子还小的时候，自然给不了我什么建议。那时候我就像是在自言自语。不过从儿子还是个小宝宝的时候起，我就开始找他商量事情了。可以说他是被妈妈依靠着长大的，总是操心着家里的各种事情。

他读小学五年级时，有一天斥责我们夫妻俩说："我们家根本称不上是一个家。我觉得一家人不在一块儿吃饭是不对的。"

我早上太匆忙了，总是站着扒拉几口早餐就出门，而我丈夫下班回来得晚。就这样，我们一家三口几乎没有坐在一张桌子上吃过饭。为此，我们家定下了一个规矩：一家人要一起吃早餐。

从那时起到现在，改善家庭环境的大多数建议都来自儿子，也是他在推动这些建议落地实施。当家里需要购买一个新沙发时，我们夫妻俩拿不定主意，于是向读大学的儿子征求意见，他很快就选出了我们三个人都满意的款式。我真的太爱儿子了！

仔细想想，以前很多妈妈养育男孩时都会给予其更多的尊重，以维护其体面。或许这就是培养男孩的一大秘诀。

反向依靠法

如果丈夫在"自我实现型"婆婆的抚养下长大，变得不会说温柔的话，应该怎么办呢？我告诉大家一个方法。

大部分男性采取的基本上是结果导向的问题解决型交流模式，即快速指出问题所在，并以解决问题为目标而展开对话。因此，在一段对话中，男人通常会出其不意地直击对方的弱点。

妻子："我打工店的店长说我……"

丈夫："哦，你们店长说得也有道理啊。你其实应该这样做的。"

妻子："下次一起去这家餐厅吧？"

丈　夫："能预订到吗？"

女下属："部长，我有个提议。"
男上司："那你打算如何采购这些材料？"

而女人期待的是这样的对话——

妻　子："我打工店的店长说我……"
丈　夫："我理解你的心情。别泄气啊。要不你试试这么做？"

妻　子："下次一起去这家餐厅吧？"
丈　夫："听起来不错。我听说那里很难预订，但我们还是试试吧。"

女下属："部长，我有个提议。"
男上司："你这个提议很好。我也一直在想这个问题。对了,你对这个材料采购有什么想法吗?"

以上两种交流方式天差地别。可很多男人认为自己说的没毛病,过分的话接二连三地蹦出来。他们一心想着要帮助妻子和下属解决问题,根本想不到与她们产生共鸣。其实他们内心充满了爱和信任,这一点千真万确,但他们完全没有想过自己这样说会冒犯女人。

因此,女人应该学会的最重要的沟通法则就是:就算别人突然击中你的弱点,也不要在意。

当别人攻击你的弱点时,你要学会运用"反向依靠法"。

当上司问"你打算如何采购材料"时,你可以反过来问他:"不愧是部长,这正是我烦恼的地方。部长觉得该怎么办呢?"假如他回答:"那是你的工作吧。"你也只需笑着表示同意就好。男性会因为被依靠,大脑变得异常活跃。男人本身对率真的笑脸抱有很高的好感度。无论结果如何，你都不会有任何损失。

如果丈夫问你："能预订到吗？"你可以把球踢回去："不愧是孩子他爸，问题就在这儿啊。你想想办法呀。"就算他回答："什么嘛，怎么就成了我的事？"你也只需微笑着点点头就好。

男女沟通方式的差异是大脑的神经回路不同所致，绝不值得女同胞们为之黯然神伤。

和男孩沟通时先说谈话的目的

鉴于男性特有的交流模式，我还有一个建议。

在结果导向的问题解决型交流模式下，和男人谈话一开始就得确定好沟通目标，否则谈话根本无法进行下去。这就是为什么当女人谈论现实情况和自身感受时，男人会冷冷地说："你不能先说结论吗？""你在说什么？""所以，你想让我干吗？"

其实，这种回应是男人采取的一种防御对策。一旦结论不明的谈话持续两分钟以上，后续不管你再说什么，在男人听来都像是蚊子叫。男性的大脑判断，倘若这种交流持续下去，会引起能量过载，为了规避危险，大脑便不自觉地关闭了语音识别功能。如果在此之前，你还不能明确本次谈话的目的，那只能是无效沟通——男性的大脑对此再清楚不过，这才发出了"警告"。

很多男人不够健谈，个中原因要归结于其大脑的结构特点。要知道，在远古时期，男性大脑的进化目标是悄无声息地在旷野和森林中行进，用耳朵分辨风声和水声，不错过任何野兽的气息。这种进化的结果一直保留在基因中并延续到今天。当然，现在的男人不需要去狩猎，但基因会影响他们的思维和行为模式。

这就是为什么在与男人交谈时，应该先说结论。如果谈话是为了得出结论，那么首先就要明确谈话的目的。

例如,"老公,我想和你谈谈妈妈三周年忌日的事。主要就是三个问题,什么时候办,在哪里办,邀请谁参加",一开始妻子就挑明谈话的目的。

如果一开始妻子先大发牢骚,或者滔滔不绝地讲一堆别的事情,那么男人就会听得心不在焉,整个对话就会陷入"喂,你在听吗"的僵局。

跟儿子沟通时也是如此。

"回家后就要把学校发的册子从书包里拿出来。"妈妈要像这样,言简意赅,挑重点说。

"前几天,郊游的说明册在书包里被压得皱巴巴的,对吧?去年那会儿啊,为了购买便当的食材,妈妈还急匆匆地赶到便利店去呢。"说了一大堆之后,就算妈妈再回到正题,在儿子听来,也都像是蚊子叫了。

这样一来,妈妈会给儿子贴上"不愿意听别人讲话""注意力不集中"的标签,而儿子则会认为妈妈"说起话来逻辑混乱，没法沟通"。

为了避免出现误解，和男孩说话时，请妈妈务必先说结论或挑明谈话的目的。

与男下属沟通时也一样。说话时要单刀直入，直奔主题。比如，"关于企划书需要变更的地方，我有话要说。重点有三个……"

切勿对前一份企划书批评一通后，再扯到正题上，如"我之前不是告诉过你要考虑这个问题吗？可是，为什么会变成这样呢？这个地方……"。

如果遵守这个谈话原则，和男性沟通时你就会游刃有余。

儿子对妈妈的爱

1. 多说爱的话语。
2. 不要使用命令的口吻。
3. 依靠孩子做些事情。

4.先说谈话的目的。

只需要做到以上这几点,你就能进行爱意满满的亲子交流。而你对孩子说的爱的话语很快就会得到回应。

在儿子四五岁的时候,我和他曾为谁爱谁多一点儿的问题而争得脸红脖子粗。

"我对妈妈的爱有这么多。"我的儿子张开双臂说。"妈妈对你的爱有这么多。"我也张开手臂说。当然,一个4岁的孩子是赢不了的。

接着,我的儿子便张开双臂,奔跑起来,试图用手臂揽入更多的空间。我也不甘示弱地在他一旁跑了起来。4岁的孩子哪里会是我的对手。

后来有一天,儿子从幼儿园回来,他用双臂在胸前围成了一个圈,一本正经地说:"我对妈妈的爱有这么多。"

"这是什么意思呢?"我问道。

"这中间有一个地球。"

他好像从幼儿园的绘本或连环画册中得知了地球是圆的。如果在胸前把双臂围成一个圈，它便能代表整个地球！面对一瞬间将整个地球揽入怀中的儿子，我甘拜下风。时至今日，我仍会想起那个场景。儿子对我的爱有那么多！

青春期是爱的间歇期

即便是如此暖心的孩子,一旦进入青春期,也不是那么容易相处的。

有一段时间,我和儿子之间笼罩着一股不愉快的气息。从青春期开始,人的大脑会发生重大变化。

在孩子的大脑中,记忆会与五种感官捕捉到的信息一起被储存起来。例如,当回忆起小学时期的生活时,孩子就会想起一些气味或味道;当回想起爸爸开着人生第一辆小轿车带他出去兜风时,孩子就会想起车内崭新座椅散发的气味,甚至当时嘴里含着的糖果的味道。童年的记忆属于感官记忆。

然而,如果我们一生都采取这种记忆方法,那么大脑的记忆存储空间就会不够用。此外,感官记忆的容量很大,一旦发生紧急情况需要调动记忆,检索起来需要花费很多时间。

而成年人的大脑在储存记忆方面更有效率。每当我们有了新的体验，就会把它与过去的类似体验进行比较，并根据二者的区别和联系来储存它。这样所花费的存储空间较少，检索速度也变得更快。这意味着当我们遇上麻烦时，可以迅速摆脱困境。

然而，由于记忆数据库的两种运作机制不同，大脑不可能在一朝一夕间就发生改变。从青春期开始，大约需要两年时间，大脑才会完成这个转变。在这个过程中，大脑会变得脆弱，还可能出现故障。毕竟大脑的记忆存储系统和检索系统是不一样的。这就是青春期的孩子情绪不稳定的原因。

处于青春期的孩子无法很好地表达自己的情绪，最反感被人问及诸如"学校怎么样""为什么不做""怎么回事"之类的问题。

如果想和处于青春期的孩子展开一场心灵对话，最好的方法是询问孩子对一些无关话题的看法，比如"你觉得某某总统怎么样"。

处于青春期时，男孩体内的睾酮会迅速增加，迎来分泌量的高峰，促使其生殖器官发育成熟。睾酮还会激发男孩的领地意识和斗志。即使是已经掌握了共情式沟通的孩子，在这段时期也会变得对人爱搭不理。孩子还可能会因家长的某些行为发脾气，说些过激的话，比如"没经过我同意不许进我的房间""不用你管"。

到了18岁，男孩各方面都会稳定下来。睾酮的分泌量减少，进入比较稳定的状态。

有那么一段时间，也许妈妈会对儿子感到陌生，但那个熟悉的他会回来的。妈妈别担心，这是你的儿子成长的一部分，好好守护他吧。了解青春期男孩的行为特征后，要是孩子言辞激烈地和你说话，说不定你还会觉得他那个样子很可爱呢。孩子正在竭尽全力地顶撞这个世界上对自己而言最重要的人。

我们家的情况是，我一直在等儿子顶撞我。我很好奇，如果儿子对我说出这种话，我会有何感受。

可他从未对我恶语相向。

有一次，我对情绪敏感的上初中的儿子说："你干脆叫我一声臭老太婆试试？"儿子讪笑道："我才没那么傻呢。你会把这事写到随笔里的。"

原来我的计划早就败露了！

宇宙第一的爱

现在，我的儿子最爱的人是他的妻子。他没有帅气的外表，这不失为一种福气。他有一张和泰迪熊一样憨态十足的脸庞，他的身材高大、嗓音沉稳。我相信他每天都会用"今天天气真好"这般稀松平常的口吻对他妻子诉说甜言蜜语。

有一次，儿媳妇感慨道："我得感谢你，妈妈。"

"为什么？"我问道。

于是，她向我讲述了那天早上发生的一个小插曲。当她醒来时，我的儿子对她说："早上好，见不到你真是寂寞呢。"儿媳妇听了,困惑地说:"你明明一整晚都睡在我身边啊。"我的儿子回答:"可闭上眼睛后,我就见不到你了。"

当他醒来时,他大脑的意识区域至少有 10 分钟几乎处于完全关闭的状态。因此,那是他自然而然流露出的、发自内心的话。听到这儿,我打心眼儿里高兴,差点儿喜极而泣。我很高兴,因为儿子找到了一个他怎么看也看不够,以至于他都舍不得闭上眼睛睡觉的深爱之人。

"我们都一起生活 3 年了,他居然还会对我说那么肉麻的话。这都要感谢妈妈教得好啊。"儿媳妇笑着说。

我教得好,这是肯定的。要知道,我在儿子的大脑里储存了好多好多的爱呢。

在儿子和儿媳妇的结婚纪念日,我看见社交平台上有一张他们在结婚周年纪念日共享晚餐的照片,上面是一个精心设计的甜点盘,写着儿媳妇的留言:

"老公,谢谢你一直以来的爱!"

儿媳妇是个很贴心的人,她每天都在表达她对丈夫的爱和感激之情。她会仔细品尝丈夫为她做的饭菜,也会赞美我的厨艺。只要有她在,家里的气氛就很温馨。

"甜点盘上怎么没有他写给你的话?"当我这么问时,儿媳妇跟我吐露了一个秘密。原来每逢他们的结婚纪念日,儿媳妇总会收到儿子的手写信件;而且在信的结尾,他总是写道:"致小爱,我在宇宙中最爱的人。"

啊,这已经超过他献给妈妈的整个地球的爱了!我心里顿时就像那万里无云的天空,明媚、舒爽。

看来儿子大脑中的"爱的结构"坚若磐石。他的人生成长课到此算是圆满结束了。

第四章

如何培养有干劲的男孩

没有干劲是人生最大的损失。

事实上，男人和女人发挥干劲的场合各不相同。男孩的干劲开关往往藏在妈妈意想不到的地方。要是不明白这一点，即使妈妈试图用各种方法唤起儿子的干劲，也可能会起反作用。这就是我在本章要谈的内容。

但首先我要来谈一谈饮食这个话题。

不是性格问题，而是营养问题

有干劲、好奇心、注意力、想象力、记忆力等都与大脑中的神经信号有关，其主要能量来源是血糖。

神经信号通过神经纤维进行传递,途中会衰减(变弱)。为了防止神经信号衰减,神经纤维带有一种"绝缘罩",它被称为髓鞘,主要由胆固醇构成。人体内约20%至25%的胆固醇位于大脑中。

所有神经信号都受大脑中的激素影响。血清素使人镇静,防止焦虑。多巴胺让人兴奋,提高干劲。去甲肾上腺素会阻挡多余的信号,提升人的注意力。

B族维生素在大脑激素的合成过程中具有重要作用。由于B族维生素是通过钠在血液中移动的,因此"搬运工"矿物质的作用也不容忽视。减盐(其实是减钠)需适度。

如果孩子的大脑营养不够,就无法正常工作,父母谈再多育儿法都是枉然。

第一,要确保孩子有稳定的能量(血糖)供应给大脑,血糖不能过低。第二,要确保神经信号不会无故衰减,胆固醇水平不能过低。第三,要确保大脑激素分泌良好,均衡摄入各种维生素和蛋白质。

只要满足这三个条件,就算你"糙"点儿带娃,也不会妨碍孩子成为一个好奇心强、热情、体贴他人的人。如果上述能量都耗尽了,那么孩子就会变得没有干劲,看起来很懒散,脾气说来就来。

这绝不是因为孩子性格不好,而是因为营养没跟上。

把你的儿子培养成"肉食系男孩"吧

胆固醇、动物源氨基酸等存在于动物性的食物中。摄取这些营养可以增强体质。初、高中阶段的男孩身体发育快,特别喜欢吃肉。这是因为他们的大脑和身体发育需要肉类提供营养。不过,他们也需要摄取大量蔬菜,以确保饮食中的叶酸含量。

很多肉类脂肪含量高,属于难消化的食物。因此，要想敞开肚子吃顿大餐，首先得有良好的消化系统。如果孩子养成了用面包、甜食和"垃圾"碳水化合物填饱肚子的习惯，那么其消化功能就会减弱，关键时刻想吃都吃不下。

如果孩子放学后想在吃晚饭前吃点儿东西垫垫肚子，那我强烈建议用煮鸡蛋代替面包。这对大脑有好处，也有助于把孩子培养成"肉食系男孩"。

"草食系男孩"是指不会积极去谈恋爱的男孩。从字面意思看，这种类型的男孩不太吃得了肉。有一次，我在地铁里碰到一群女大学生，她们叽叽喳喳地在谈论某个男孩。"那个人我一看就觉得是草食系的。结果他在烤肉店真的一个劲儿地吃蔬菜。""是名副其实的草食动物啊。"她们说完笑作一团。

从脑科学的角度来看，这很正常。一个以"草"为食的男人容易缺乏男子气概，没有壮实的脖颈和宽阔的胸膛，也缺少干劲。

另外，鱼类也富含大脑发育必需的营养。在日常饮食中,均衡摄取肉类、鱼类和乳制品很重要。"肉食系男孩"并非指只吃肉的人,而是指摄取动物蛋白的人。

孩子要全面且均衡地摄取胆固醇、动物源氨基酸、B族维生素和叶酸。有一种食物具备了所有这些营养物质——那就是鸡蛋。这就是为什么鸡蛋被称为"大脑最喜欢的完美食物"。

吃鸡蛋非常有助于大脑发育。早餐应该养成吃鸡蛋的习惯,午餐、晚餐、夜宵时也可以吃。在长身体的初、高中时期,孩子应该每天吃一两个鸡蛋。

对于不喜欢吃或不能吃肉蛋类食品、依靠豆腐等摄取植物蛋白的家庭,我建议多熬煮高汤。比如用鱼干等熬制而成的高汤含有优质的动物蛋白。一些脑科学专家甚至认为,可以用这类高汤代替茶来饮用。

鸡蛋汤是夜宵的最佳选择,特别是对那些上完补习班回到家后饥肠辘辘的孩子。往杯子里打一个鸡蛋，迅速倒入热腾腾的高汤，再调一下咸淡，做起来非常简单。人在睡眠的时候，大脑会整理白天接收的知识，并进行储存，而这样的夜宵对孩子睡眠时的记忆储存工作很有益。

把你的儿子培养成"肉食系男孩"吧！

甜食当早餐，人生惨淡淡

除多吃肉类外，还要注意控制血糖。

所有大脑活动都是通过神经信号的传递进行的，而支持脑神经信号传递的能量是血糖。人体的血糖值至少应达到3.9毫摩尔/升，低于2.2毫摩尔/升时，大脑就会停止运转，意识陷入模糊状态。

如果血糖值低于3.9毫摩尔/升，身体会乏力，对什么事情都提不起兴趣；降到2.8毫摩尔/升以下时，人就会心慌、出冷汗、思维迟钝等。当血糖进一步降低时，大脑感知到身体处于危险之中，便会调动一系列激素来提升血糖。而肾上腺素和其他升高血糖的激素往往会使人的情绪不稳定，因此低血糖的人容易发脾气。

低血糖的孩子可能会有这些表现：对周围事物漠不关心，看上去没什么精神，可下一秒就会突然发起脾气来。

那么，你知道这种恼人的低血糖反应其实是由空腹吃甜食引起的吗？

在空腹状态下食用甜食，血糖会迅速大幅升高，而为了应对这种情况，人体内会分泌过量的胰岛素，把血糖一下子降下来。所以，空腹吃甜食会导致血糖下降。

如果这种情况反复发生，就会导致患低血糖症。刚吃完甜食的时候，或许感觉良好，可不一会儿血糖就会下降到足以令人意识模糊，干劲、好奇心、注意力等都来不及调动的水平。某营养学专家曾断言，拒绝上学的儿童大多有低血糖症。

早餐是一天中最重要的一餐，因为早上起床后是人一天中最饥饿的时候。

又白又软的面食、甜点和甜甜的水果会使血糖快速升高。早餐吃豆沙馅儿的面包和薄饼，再来一杯果汁，孩子吃完很快就可能出现低血糖反应。

早餐没吃对，孩子就学不进去上午的课程。吃只有甜食的早餐，整个人生会被拖垮。当然，有些孩子的体质使他们能够较好地适应甜食早餐。可如果总是吃甜食早餐，且孩子出现成绩下滑和易怒等问题，那么家长就应该重新调整家里的早餐搭配了。

理想的营养早餐应该包括沙拉、蔬菜汤、鸡蛋、火腿，还有米饭或面包等。

一想到男孩的身高要从50厘米长到180厘米，我就恨不得用整本书的篇幅来向大家讲述饮食的重要性。

青春期有好睡眠可以带来理想身高和男子气概

说起身体健康，除营养要跟上外，还有其他注意事项——半夜不要看手机，因为夜间的手机光照会刺激视神经，造成入睡障碍，进而影响生长激素和生殖激素的分泌。

虽说这些激素并不只在夜间分泌，然而指引激素分泌的"司令部"——脑垂体是与视神经直接相连的，它会通过"夜晚的漆黑"和"早晨的光亮"等光线的强弱来调节分泌，故而激素分泌会受视神经的影响。

理想身高和男子气概与青春期的健康睡眠关系紧密。建议家长最好禁止孩子在深夜使用智能手机或玩电子游戏。

一般男孩最佳的长高时期是在14岁左右。男孩在青春期只有一到两年的时间可以将身高拔高20厘米左右。男子气概也是在这一时期养成的。此时，男孩体内上升的睾酮将促进其生殖器官发育成熟，并使其嗓音变得低沉，胸膛变得宽阔，斗志和冒险意识也得到提升。但这个年龄段的男孩容易沉迷于电子游戏和网络社交，倘若家长任由孩子为所欲为，后果很严重。

我有时会给初中生做关于大脑发育的讲座。在讲座中，我谈到了早睡早起和吃早餐对大脑发育的重要性。女生们都听得很认真，可大多数男生都心不在焉。

然而，当我一提到早睡的男孩和熬夜的男孩之间身高相差约有7厘米时，在座的男生便齐刷刷地把目光投向了我,并发出哀号。

就身高来说,比起173厘米,男孩似乎更渴望达到180厘米。比起说一万遍"早点儿去睡觉",把上面这段话说给他们听效果更好。

那么接下来,让我们回到激发干劲的话题上来。

每个人都会经历叛逆期

新生儿无时不刻不受妈妈面部表情和手势的影响,并与妈妈产生情绪共鸣。妈妈同样与宝宝有着心灵相通的默契。

我的儿子1个月大的时候,有一次他被蚊子咬了,我感觉到了痒,那种痒的感觉很真实。虽然说不出是身体的哪个部位痒,但我忍不住去挠。我挠了很久还是感觉痒。正当我束手无策的时候,我轻轻地摸了摸儿子皮肤上红肿的地方,竟然顿时感觉好多了。

那一刻的感觉太奇妙了，令我至今难忘。我认为有那么一段时间妈妈和孩子的意识领域已经融为一体了。

渐渐地，母子间的一体感会减弱，孩子终将迎来按照自己的意愿与世界发生联系的一天。这就是叛逆期的开端。

孩子会没完没了地把纸巾从盒子里抽出来；弄破纸拉门；捡起一块石头，放进嘴里；把手伸进酱油瓶里；试图在白衬衫上留下手印……

被家长训斥不能做某事时，孩子会更加来劲，一遍又一遍地重复原先的动作；而被要求必须做某事时，孩子则会做出反抗："我不！"这个阶段的育儿生活是如此闹心，以至于妈妈处在恐慌、崩溃的边缘，随时可能情绪爆发。

有一次，在火车上，我看到一个宝宝一直在扔玩具，而他的妈妈则一直在捡玩具。当妈妈捡起玩具递回去后，宝宝又立马把玩具扔了出去。那位妈妈太有耐心了,我自愧不如。

不过,有一回我儿子接连两次打翻了牛奶杯,但我没有发脾气。

他打翻了装牛奶的杯子后,我急忙把桌子擦干净,再次往杯子里倒入牛奶。谁知他又打翻了。

啊,我明白了。对初来地球的他而言,在桌上延伸开来的白色曲线,是他初次见识到的一种新鲜造型呀!这一定是一次令他眼花缭乱的经历。

如果我是一个在零重力环境下长大的人,当我来到地球,目睹在桌上展开的白色图形后,我的目光一定会被吸引。

是的,地球就是这么一个地方,欢迎光临!

过去,我们称这一阶段为"第一叛逆期"。我并不喜欢"叛逆期"这个词,因为处在这个阶段的孩子面临的可是一场伟大的实验!孩子的大脑开始意识到某种互动作用的存在——原来自己的行为举止会对周围的环境产生影响。

如果对象是静止的物体，经过自己的主动行为，它要么改变了形状，要么移动了位置；如果对象是人或动物，与对方互动后，对方会做出什么反应？正是通过这种相互作用，孩子才能够慢慢了解周围是什么样的环境。

例如，如果在一个封闭的空间里发出声音，这个声音会在墙上反弹。通过回声，我们就知道这个空间有多大、我们站在其中的哪个位置。如果我们改变声音的音量或方向，那么回声也会发生改变。通过不断积累经验，调整自身的输出（声音），我们的大脑中就会建立起一个分析输入值（回声）的系统。

守护孩子的大脑实验

通过自身的输出，周围的环境（物体和人）会对我们作出回应，我们会因此捕捉到新的输入信息。

2岁到4岁孩子的大脑会通过重复这种体验，调整所有感观。处在这个阶段的孩子会一改此前相对被动的状态，开始主动行动，与周围环境建立起联系。

不管妈妈厌烦与否，孩子仍会反复做一些妈妈不希望他做的事情。这一时期就是所谓叛逆期，也是大脑的实验期。

其实，幼儿的一些行为与反复做实验的物理学家在本质上是一样的。孩子们对桌子上牛奶流淌形成的曲线感到好奇，从玩具的抛物线运动中寻找乐趣。这是一个首先产生好奇心，然后做实验，最后确认结果的永久循环。

如果家长在这个阶段阻止孩子做实验，让孩子逐渐失去好奇心，日后又怎么能指望他对学习怀有热情呢？

如果你希望培养孩子的学习兴趣，提高其思维能力，那就一起为他们伟大的地球实验保驾护航吧！

孩子不会总把牛奶打翻，我的儿子也就打翻过那两次。就算是抽纸巾，抽完3盒他也就腻了。

在我们家，还是奶奶和外婆比较大方。当我想把餐巾纸盒收起来时，两位老人都跑来劝我："就让孩子玩吧。"她们还把小家伙抽出来的纸巾捡到

男孩大脑实验期

一个大塑料袋里接着用。我记得我妈妈还直呼孩子抽纸巾的样子可爱。

处于2岁大脑实验期的宝宝所表现出的好奇心和实验欲望,家长应该宽容地予以守护。

我想这是培养孩子干劲的第一步,在孩子的大脑里烙印这样的观念:你要保持好奇心并采取行动去探索问题。

孩子提问时,父母应该感到高兴

有些孩子到了4岁左右会开启"十万个为什么"的提问攻势,这是继大脑实验期之后的提问期。

有一次,我在新宿站等待搭乘"小田急浪漫特快列车",发现驶入站台的红色复古型列车让一个四五岁的小女孩看呆了。小女孩问妈妈:"为什么这辆车是红色的?"她的妈妈光顾着看手机,压根儿没有理会她。可是,小女孩并没有放弃,继续追问:

"妈妈、妈妈，这列车为什么是红色的呀？"小女孩的音量逐渐增大。终于，气恼又无奈的妈妈没好气地甩出了一句："这不关你的事！"小女孩听到这句话，便默不作声了。可是她依旧盯着列车看，眼睛闪闪发亮。

孩子，加油提问吧！我打心眼儿里支持她。我本可以告诉她答案，可我没有那么做。倘若因为我多管闲事，而导致小女孩的妈妈回家后迁怒于她，那小女孩就太可怜了。也许小女孩回家后会问爸爸，然后就能得到解答了。孩子是有那股子韧劲的。

这对孩子来说也不失为一种锻炼，尤其是女孩子，在这种时候她是不会轻易放弃的。对于一句"这不关你的事"，她会一笑带过。女性的大脑很强大，具有很优秀的交流能力，她不会因为别人一句打击的话就泄气。这么说来，那位妈妈的回答倒也并非不行。

尽管如此，对于这个阶段的孩子提出的问题，家长应该尽可能地予以解答。尤其是男孩，他们不善于主动搭话，要是好不容易提出一个问题，结果却被泼了冷水，这会给他们造成很大的打击。

父母一时回答不了孩子的问题没关系，但必须有回应。对于孩子提出的问题，希望父母能够认真对待，并对孩子的好奇心产生共鸣，实在不知道答案，至少可以附和一句："是啊，为什么是红色的呢？"

孩子提出的很多问题不是简单一两句话就能解答的。诸如"为什么天空是蓝色的""为什么彩虹会有7种颜色"这种问题，使用搜索引擎，或许可以找到答案。可是对于"人为什么会死""生命从何而来"之类的问题，相信没有哪位家长可以三言两语就说清楚。

当孩子提出一些深奥的问题时，父母不要露出不悦之色。孩子提出问题，父母应该感到高兴才对。"哎呀，这是个好问题。妈妈也不懂，等妈妈知道答案了，再告诉你吧。"掌握了这种沟通方法，面对孩子的提问攻势，父母就不用面露难色、不知说什么好了。

反问孩子："你怎么想？"

如果你不知道怎么回答，不妨反问孩子："你怎么想？"相信孩子的回答会让你收获很多快乐。

有一次，儿子指着绘本里的彩虹问我："为什么彩虹有7种颜色？"

我便反问他："你怎么想？"

他笑着说："我想，这是因为神明有7种不同的方式来看待事物。"

彩虹是大气中一种光学现象，天空中的小水珠经日光照射发生折射和反射而形成的弧形彩带，由外圈至内圈呈红、橙、黄、绿、蓝、靛、紫多种颜色。

由于光带的色彩是无缝渐变的，当一个人对颜色的感知精度较粗糙时，彩虹可以看作有7种颜色；而当感知精度较细腻时，彩虹可以看作有8种颜色。出于这个原因，自古以来，彩虹的颜色数量因民族而异。但彩虹有7种颜色是世界上最主流的说法。

大多数人之所以看到7色的彩虹，其实是大脑的特性使然。人的大脑中有一些用于快速识别的超短期记忆区域。大多数人拥有7个这样的区域，所以彩虹看起来像是有7种颜色——这是那些了解大脑认知结构的人给出的答案。

有时，孩子的提问会让我们见识到奇迹。如果你想找点儿乐子，那不妨问问孩子："你怎么想？"

在平淡无奇的环境中发现问题、提出问题

不过，100次提问中你有99次会得到无聊的答案。

"妈妈，为什么斑马身上会有条纹？"

"宝宝，你怎么想？"

"因为斑马喜欢条纹啊。"

奇迹并不经常发生，所以妈妈不要期望太高。不管孩子做出什么样的回答，妈妈都不能表现出不屑，要予以尊重。

"确实是呢，也许是因为雌性斑马喜欢条纹图案，有明显条纹图案的雄性斑马才受欢迎，这才生出了有明显条纹图案的小斑马吧。这算是物种进化。

可为什么雌性斑马会喜欢条纹图案呢？"

"因为很酷啊！"

"那么为什么它们会觉得条纹很酷呢？"

"因为是条纹嘛。"

尽管这是一次得不出结论的沟通，可这种出于好奇而反复琢磨的过程，对孩子来说，是养成战略思维的好机会。在好奇心的引导下，感受寻找答案的乐趣，这是提升思维能力的根本方法。如果孩子只是机械地完成任务，心不甘情不愿，那么其大脑的发育就会变得缓慢。

市面上有一些所谓"全脑开发"的幼儿教育项目，通过完成一个又一个项目，达到刺激幼儿大脑发育的目的。我并不认同这种做法。这些项目本身设计得很好，但我认为对于幼儿来说，从周围平淡无奇的环境中发现问题、提出问题，才是最理想的思维发展模式。将来孩子长大后，要想从事一项事业，就必须具备敏锐的洞察力。没有"发现"，谈何"思考"?

所以,让孩子自己去发现并提出问题——这是我们家的教育方针。

提前学习知识会消磨学习的兴趣

幼小衔接阶段,数字和字母基本都还没学,我就让儿子去上小学了。

我认为要是孩子事先知道了要在课堂上学些什么,他就会感到很无聊,不是吗?学校可不是一个让你确认自己学过的知识,或是炫耀自己提前学过的知识的地方。

我的父亲也有同样的教育理念。我刚上小学的时候,连自己的名字都不会写。多亏了父亲,我至今仍记得语文课本第一页的内容。

那是一张插图,上面是一个女孩举起一只手,张着嘴巴。右上角写着"Harumi-san[1]",左下角写着"hai[2]"。当老师在课堂上大声朗读这些词时,我感到心醉神迷。"Harumi-san"的第一个音和"hai"的第一个音是一样的,而且它们通过"ha"实现关联,这让我感到很兴奋。

在数学课上,我发现原来郁金香和糖果的数量也可以用数字来做加减运算,这令我激动不已。

如果我们在上小学前就被要求把字母和数字当作符号来记忆,那么就不会有这种发自内心的兴奋了。

有些事物看似包罗万象,其实都可归结为一条法则。文字如此,数字也是如此。对我来说,享受个中乐趣才是学习的真谛。长大后,我成为一名物理学家,沉浸在抽象到极致的研究工作中——把世界上的一切都用公式来表达。

---

[1] Harumi-san:女孩的日文名字发音,晴美(音译)。
[2] hai:日语中表示肯定答复的发音,即"到"。

对此，我心怀感激。因此，我也用同样的方式来教育我的儿子。

尊重孩子的学习进度

我没有给孩子报学前补习班。我的儿子读一年级时，一天，他的班主任对我说："算术课结束后，我告诉孩子们做完算术题就可以休息了。其他孩子都赶紧把题目做完，然后跑到操场上玩去了。黑川君却认真地花时间解答那些题目，一副乐在其中的样子，嘴里还嘟哝着'啊，原来是这么得来的'。不知不觉，课间休息时间就结束了。上课铃响时，他才说'我要上厕所'，然后跑出去。"

听完这些话，我"扑哧"笑出声来。老师笑着说："我想跟你商量一下，是催催他好呢，还是由着他好？"我心想："这真是一位好老师啊。"

当然，我拜托老师顺其自然。

还记得有一次，儿子放学后傻笑着回到家。"妈妈，原来7和8加起来等于15。你知道吗？"说着，他咯咯地笑了起来。

我一边跟着笑，一边回答："我知道啊，大概31年前就知道了。这有那么好笑吗？"

"因为7和8都不是完整的两只手上的手指数，加起来却正好是3只手上的手指数。"说完，他又笑起来。

我的儿子似乎是数着手指做加法的。当他看到2根手指和3根手指加在一起竟成了一个完整手掌上的手指数时，觉得相当有趣。

没错，这就是我想看到的。这就是我的儿子与数字的邂逅。

他学习进度很慢。别说中考了，就连高考，以他的学习进度也完全赶不上。可这又有什么关系呢？读大学也不一定非得应届考上才行嘛。

如今的小学教育形势可能与54年前或23年前

不同了。如果现在的学校要求孩子上小学前就得认识数字和字母，那么很遗憾，我们家的做法不作参考。如果大环境如此，那就不要勉强。不过，大家别忘了还有我们家这种育儿方式。就算孩子的学习进度慢也没关系，至少我儿子的经历可以证明这一点。

发现浮力

虽然我的儿子在学校成绩平平，但他在上小学二年级时就发现了浮力。

有一天，从浴室里传来"妈妈、妈妈"的叫声。

"怎么了？"我急忙跑过去。

"妈妈，我刚刚放了个屁，然后，水里浮起了一些泡泡。"儿子兴奋地抬头看着我说。

"嗯，是啊。"我心不在焉地回答，心想："这不是大家都知道的事吗？"

接着，他说："水也有同样的力量，可以把泡泡推出水面。"

这是著名的阿基米德定律。我从来没见过哪个小学生自己发现它。

"没错,如果你出生在两千多年前,可能会因此留名于后世。浮力原理冠的就不是阿基米德的名字,而是你的名字了。"

还有一次,在浴室里,他发现了水的表面张力。

"妈妈,洗澡水黏黏的。"

我一听，心里咯噔了一下，心想："难道是浴缸洗得不够干净？"

"像这样抬起手掌时，我发现水是有黏劲儿的哟。"他做出把手掌紧贴在热水表面、水平抬起的动作，"我想，水应该是有凝聚力的吧！"

"哎呀，这都被你发现了！这就是水的表面张力。往杯子里倒满水，杯口的水面不是会微微凸起嘛，这和那个是一样的道理。"

"啊，那不就是妈妈最喜欢的啤酒吗？"

嗯，那又另当别论了。我没办法解释啤酒的泡沫是由表面活性物质产生的，所以我含糊地应了一句，糊弄了过去。反正他早晚会在课堂上学到表面张力和表面活性之间的关系。

就像这样，我会与儿子分享一些有趣的现象。至于具体的知识点，老师会毫无遗漏地教给他。学校真是个好地方！

告知孩子上学的目的

如前所述,男性大脑优先采用结果导向的问题解决型沟通方式。男人会第一时间将视线投向远处,并果断地锁定目标。

这种习惯不管是在物理空间还是思维空间都一样。在对话中,男性首先想知道对话的最终目标,即结论或目的。如果谈话目的不明确,他们就会心不在焉,将对方说话视为蚊子叫。

对于男性大脑的这种特性,我心里是有数的,因此当我往儿子的小脑袋上戴上那顶小学生专用的小黄帽时,我必须告诉他在学校学习的目的是什么。

"今后你要学习很多科目,比如数学、语文、科学、社会,等等。所有科目的学习目的只有一个,那就是学习如何看待这个世界。老师会教给你许多看待事物的方法,最终人们会选择其中的一两个。

有的人选择数学，有的人选择音乐……可是当你还小的时候，你不知道哪一个最适合你，所以老师会全部教给你。"

总之，去学校是为了学会以不同的方式看待世界。

只要明确了学习目的，那么越是孩子不擅长的科目，孩子越不能忽视它，因为其中包含了他还未掌握的看待世界的方式。挫折越多越好，因为这能加深孩子对事物的认识，而且孩子不会再提出诸如"为什么要学习函数这种以后进入社会也用不到的东西"之类的问题。

目标明确了以后，那些不擅长的科目只会让孩子越挫越勇。纵然学海无涯，孩子也不再迷茫。这个万能的目标会让孩子学起东西来更轻松。

当然，每个家庭都可以有自己的目标。你的孩子也可以为了"取得好成绩，并考上一所好大学"或"成为一名医生"这种单纯的目标学习。

给男孩设定未来的目标

学习目标和榜样对每个男孩来说都必不可少。这就是为什么以前的小学校园里都有二宫金次郎[①]的雕像，很多街角都矗立着英雄的塑像。"我想成为像他一样的厉害人物"是让男孩感到充实的目标之一。

男性享受实现目标带来的充实感、满足感，而女性则单纯地享受过程。当她们全神贯注于备考、为春游做准备、为运动会进行训练时，时间就这么过去了。光是去见自己喜欢的男孩这个动机，就足以让女孩积极地学习。男女大脑的思维方式是如此不同，以至于做妈妈的很容易忘记给儿子设定未来的目标。男孩的妈妈在这件事情上千万不能掉以轻

---

①二宫金次郎：在日本被称为学习之神，少年金次郎背着柴火刻苦读书的雕像遍布日本小学校园，成为孩子们学习的榜样。

心呀。

男儿有志安得闲。目标设定得越高远，男孩做起事来就越有干劲。正因为有了高远的志向——要成为像大谷翔平[①]那样厉害的棒球选手，一位职业棒球运动员才能忍受日复一日枯燥的训练。

把目标设定得高远一些

拿我的儿子背诵九九乘法表的例子来说，当他为能够背出第二段而松了一口气时，我对他说："好，那接下来背第三段。"他瞬间就像一只泄了气的皮球，抗议道："啊，背了第二段还不算完吗？"

这就是典型的具备男性大脑的儿子说出来的话。倘若他认为的终点不是终点，其积极性就会大打折扣。

---

①大谷翔平：日本职业棒球球员，效力于美国职业棒球大联盟（MLB）洛杉矶天使队。

目标定得太低，实现之后，男孩的积极性就会下降。所以，男孩的目标必须设定得高远一些。

换作女孩，她们的表现会完全不同。当她们因背出乘法表第二段而受到表扬后，即使发现还有第三段，她们也会很快收拾心情，继续背诵。就算被告知第九段之后还有第十段，她们也不会感到特别惊讶。

这就是为什么女性在面对不确定的事情时会表现得十分坚强。阪神淡路大地震和东日本大地震发生后，据说女人们都展现出了顽强的精神。即使城镇遭受了毁灭性的打击，她们也能迅速振作："无论如何，得准备今天的晚饭。"这就是女性的优秀之处。而男性一旦发现局面失控，就会陷入沮丧，甚至连活着的勇气都容易丧失。这种时候，有一个女人在他身边准备烧水，并催促他"去找些柴火来"，就显得尤为重要。

当男性因局面失控而受到打击时，女性不能表现得无动于衷，特别是当妈妈的。因此，当我儿子发现还要背乘法表第三段而备受打击时，我没法对他不管不顾。

我告诉他："岂止三段，乘法表一共有九段呢。"他的表情就像是自己跌入了绝望的深渊。看着他那生无可恋的样子，我想我必须把儿子在数学方面的目标设定得高远一些。

"你这是什么表情啊？今后还有很长的路要走呢。学完乘法运算后，还有除法运算，接下来是分数和负数，然后是因式分解、矢量、函数。如果你要读理科研究生，那么你就会有17年的时间跟数学打交道。不达到那种程度，你就无法了解宇宙。"

尽管在儿子看来，什么分数、函数，全是遥不可及的东西，可至少我让他明白了一件事：九九乘法表只是他学习路上一个很小的目标。

从那时起，对于数学这门课，我从未听他抱怨过"怎么还没完啊""为什么要做这个啊"。他一直在默默地积蓄力量，等待厚积薄发。后来，他完成了物理专业的研究生课程，并能够用自己的理解谈论宇宙。

为孩子设定高远的目标很重要。如果不这样做，家长就得每天追在孩子屁股后面，给孩子"打鸡血"，这样不仅孩子辛苦，家长也累。

如果孩子因为要背乘法表第三段而感到绝望，家长只说"往下背就行了"，那么他的积极性只会随着乘法表的学习进度增加逐渐减弱，接下去家长还得督促他学习。由此，家长还会断定孩子没干劲。然而，孩子其实并非不思进取，只不过是目标设定得太低了。倘若目标太高远，那么在到达最终目标之前，就需要设定成千上万个小目标。

对女孩来说，这或许有些难以理解。女孩觉得目标越近、越小，就越游刃有余（如果你告诉她数学得学17年，她可能当场就想放弃了）。可对男孩而言，完成目标是一件需要花费很多精力、耗费很多能量的事情。即便只是一个小小的目标，比如在"石头剪刀布"游戏中胜出，他也要动脑筋思考一番。

所以，为什么不干脆设定一个高远的目标呢？

妈妈的期望是男孩干劲的来源

让目标承载妈妈的期望，效果会更好。女性将同理心放在首位，即正视自身感受，并对他人的感受产生共鸣。

女性总是在为自己和重要之人的幸福着想：自己想品尝美食时，也想让重要的人品尝美食；自己想享受快乐时，也想让重要的人享受快乐；自己想欣赏美景时，也想让重要的人欣赏美景。

可以说，女性是用未来的幸福转动自己的人生的。我的母亲患轻度抑郁症时，曾半夜给我打电话，说她活得了无生趣。我对她说："妈妈，你还没尝过伊势龙虾的味噌汤吧？就是海女小屋①会供应的那种。""对呀，我得尝尝看是什么味道。"说着，她便安然入睡了。

樱花盛开的时节，去长命寺吃樱花饼；梅雨季结束后，去吃刨冰……生活中诸如此类的小小幸福就足以点燃女性对生活的热情。

男性却不然。他们以解决问题为处世的第一要义——必须解决问题，拿出成果。他们需要的是一份责任。

我们可以看到，很多男人退休后就像浮萍一样无依无靠。从多年的社会责任中解放出来后，大脑这个引擎便失去了运转的动力。退休男人需要承担一份责任。我们家住在东京市内的一个老街区，这里有一个负责筹办大型节日活动的组织——町会。对于退休后的男人来说，加入町会，张罗节日活动，就是一种很好的选择。

---

①海女小屋：以前海女们更衣、围着火炉取暖的场所。

归根结底，男性的大脑不是为自己的幸福而运转的。就算变成有钱人，过上了富足的生活，要是无人欣赏、无人分享，一切也索然无味。说得直白一点儿，如果没人喜欢、没人爱，那生活还有什么意义？

所以，从社会责任中解脱出来的男人，需要永无止尽追求快乐的女人在一旁制造浓郁的生活气息——"我想吃这个""我想去那里""我想要这个""你给我做这个"。

一个年轻男人在步入社会、承担责任之前，同样需要一个对自己寄予希冀的女人。一个善变的年轻女人可担不起这个重任，所以这就成了妈妈的任务。在他遇到自己的伴侣以前，妈妈的期望是其大脑运转的动力来源。

过去，妈妈普遍希望家中男儿"做一名优秀的士兵，为国建功立业"。于是儿子便挺直腰杆，有了前进的方向。

"大谷翔平好厉害！"妈妈的称赞驱使棒球少年投身到严酷的训练中。或许男孩的榜样，就是妈妈希望他们成为的人。

可以毫不夸张地说，是妈妈的期望激发了男孩的干劲。作为男孩的妈妈，我们应该给自己的梦想安上一双翅膀，让其可以展翅高飞。

什么样的孩子会跻身顶级之列

我有个朋友，名叫伊藤佳子，是一名职业高尔夫球手。她凭借出色的运动理念，参与了NHK（日本广播协会）节目《高尔夫教室》的摄影工作。作为一名教练，她也颇有名气。

几年前，我跟她一起吃了顿饭，当时职业女高尔夫球手的亮眼表现成为热门社会话题。我问她："这种时候，开办高尔夫球课程很受欢迎吧！"她说："是啊，连开办幼儿班都要等好几年呢。"

当在脑海里想象孩子们竖起耳朵认真学习关于高尔夫球知识的画面时，我脱口而出："什么样的孩子会成为顶尖的高尔夫球手呢？"

"每个人都有机会，"她不假思索地回答道，"因为高尔夫球是一项全民性的运动。它不需要你在空中旋转4周，所以不需要你具备任何特殊的身体条件。"她认真地补充道，"可某些家长的孩子永远达不到顶尖水平。"

"是什么样的家长？"作为一个孩子的家长和一名脑科学研究者，我自然不能错过这个问题。于是，我打起了十二分的精神。

"那些过分执着于结果的家长。倘若家长过度关注结果，孩子就会害怕把事情搞砸。在孩子的事情上，不管是失望还是高兴，家长都不应该表现出比孩子本人还强烈的情绪。"

伊藤老师的一番话触动了我的内心。因为她话里的含义与我从事的人工智能研究工作有着很深的联系。

不要惧怕失败

人工智能具备学习功能。如果你提供成功的案例让它学习,它学起来就很快。如果你偶尔让它经历一些失败,使其回路遭受冲击,那它会时常陷入混乱,因而学起来就比较慢。不过,这提升了它的战略思维能力。

从未尝过失败滋味的人工智能虽然可以出色地完成常规任务,但缺乏应变能力。而尝过失败滋味的人工智能则能够开辟出新的道路。

人类也是如此。

有的家长高效地向孩子灌输知识,迅速提高其偏差值[1],最终将其塑造成能够担起责任、有使命感

---

[1] 偏差值:指相对平均值的偏差数值,是日本人对于学生智能、学力的一项计算公式值。偏差值越高,成绩越好,反之则越差。

的社会精英。而有的家长允许孩子犯错误,慢慢进步,最终将其培养成不惧失败的先驱者和开拓者。

这两种方式皆可,但第二种方式会让孩子大器晚成。家长不必为此困扰,因为有时采用第二种方式,孩子的成绩也挺不错,最后还成了行业精英。如果你和孩子有能力,可以同时采用两种方式。

当我们遭遇失败并感到痛苦时,入睡后,我们的大脑会提高本次失败经历中所使用的回路的临界值(引起生物反应的最低水平),使神经信号难以抵达。换句话说,那条回路会变成神经信号难以在第一时间抵达的地方,其结果是我们变得不轻易向失败妥协。

搞清楚哪些是需要舍弃的回路,这是改善大脑的最佳方法。正如我在第一章里提到的,大脑的工作是迅速选择每次所需的回路。弄清哪些回路是不需要的,减少选项,会使思维更加清晰。

不惧怕失败是妈妈的重要素养,因为妈妈的任务是培养男孩的战略思维，使男孩具备独立冒险的能力。

做男孩的妈妈需要勇气

女性天生害怕失败，因为育儿不允许失败。

远古时期，外出打猎的男人失败了，断送的是自己的性命，其基因还是能得以延续。可倘若女人在育儿上失败了，那么基因就延续不下去了。物种延续的本质是基因遗传，对于这一点，大脑是明白的。使人类得以源源不断地繁衍至今的，是"不惧失败的男人"和"惧怕失败的女人"的自然结合。

在培养男性不惧失败、勇敢追梦的过程中，遇到的第一个阻碍往往是"惧怕失败的妈妈"。

做男孩的妈妈是需要勇气的。

我的儿子曾驾驶摩托车骑行了数万公里。在研究生毕业旅行中，他只身前往尼泊尔，骑着摩托车翻山越岭。

"我想看看喜马拉雅山。喜马拉雅山的平均海拔约为6000米,站在平原上看不到它的山顶,只有爬到很高的地方才能看到,听说还可以骑摩托车上去。"当我听说他的旅行计划后,就在网上搜索了相关信息,结果发现了一张摩托车在没有护栏的石道上颠簸的图片:路面很窄,边上就是悬崖峭壁。

于是,我慌慌张张地去更新过期的护照,因为如果儿子出了什么意外,我必须去把他接回来。

想当初,儿子办"成人礼"那天,我还信誓旦旦地宣布:"从今天开始,你的命就是你自己的。妈妈把你抚养长大,已经很知足、很快乐了。从今以后,你不必在意妈妈。不管是拿生命去冒险,还是为了心爱的女孩拼命,都随你。"

说出去的话,就像是泼出去的水,我已经无权阻止他。不过,对于从小到大经历过无数小风小浪的他,我还是有信心的。

一些同为妈妈的朋友曾觉得不可思议，对我说："你的心可真大。比起你儿子的勇气，你把儿子送走的勇气更让人佩服。"

别让妈妈的恐惧限制儿子

我的儿子在初中三年级的春假开启了自行车之旅，骑行路程达 100 千米。在那之前，他积极准备了半年多的时间。如今，他回想起那次经历，肯定会觉得那是一场很难忘的冒险吧。

那天黎明时分，我做了一个梦，梦见儿子的自行车被卷入一辆自动卸货卡车的后轮中。我吓得大喊了一声（我以为我喊了），然后就醒了。外面仍旧是一片漆黑，还下着小雨。

我无意间瞅见客厅里的灯亮着，原来是儿子在做热身操。"不要去！"我差点儿喊出声来，但硬是忍住了。

"下雨了,你还要去吗?"我问道。

他笑嘻嘻地说:"这种天气骑自行车最舒服了。只要不脱水就没问题。"

他出门时的背影令我记忆犹新。每次想到那一幕,我的心脏都快要裂开了。我把双手放在身后,抑制自己想去抱住他的冲动。

那时候,不知怎的,我十分确信:儿子如此善良,要是我因为担心而劝阻他,他肯定会答应我放弃那次冒险之旅。但以后他应该再也不会出去冒险旅行了,因为妈妈的恐惧对他来说已经成了一种限制。他将失去那份鲜活的冒险精神,而这是一个男人就算跌倒受伤也不可以失去的珍贵品质。送走儿子后,我瘫坐在门口抽泣着。我知道这很夸张,但那一刻我才明白了那些亲手把儿子送往战场的妈妈是何种心情。

妈妈对全身心依靠自己的儿子百般呵护、万般疼爱,等孩子长大后,却不得不为了让他完成使命而放手。做男孩的妈妈是多么残酷。

那天早上，我觉得自己与全世界所有男孩的妈妈心灵相通。某位赛车手每次出发去参加世界最高级别的摩托车比赛（时速超过300千米）前，他妈妈都会叮嘱一句"慢慢开，注意安全"。以前我是笑着听这个故事的，可那天我已经笑不出来了。

打那天以后，我心里有些东西放下了。哪怕儿子跟我说，他要到尼泊尔去登山，我也有足够的勇气去思考：要是有个万一，我该怎么做？

现在有了儿媳妇，我更加安心了。我相信儿媳妇会竭力制止他："别傻了。除我以外，还有什么是值得你赌上性命的？"

作为男孩的妈妈，总有那么一刻，你必须按住自己颤抖的双手送他离开，哪怕是他第一次在公园里独自走向游乐设施的时候。也许在旁人看来，这没什么大不了，但对一个妈妈来说，这是卸下心防的伟大时刻。

所以，妈妈既不能让孩子乱来，又要时刻做好接应的准备。最后请记住，当内心的恐惧被放大时，你要鼓起勇气。请相信，全世界男孩的妈妈都对你的恐惧感同身受。

不过，必须遵守一个规则。在孩子去冒险之前，要让他多经历一些小风小浪，甚至需要经历几次令他产生畏惧并伴随伤痛的中等程度的风浪。一个未曾尝过失败滋味的男孩是经受不起大冒险的。

自信比他人的认可更重要

失败会给大脑带来新的思维模式。做一件事，重要的不只是结果，更是面对突如其来的状况时，拥有能拿出令自己信服的对策的能力。如果一个人的思维能力强，就能够毫不迟疑地拿出对策，让自己信服并贯彻到底。至于拿出的对策能否得到他人的认可并不重要，因为自信比他人的认可更重要。不迷茫、不迟疑、不僵化、不逃避、不看他人眼色——拥有这种坦然从容的精神境界胜过一切赞美。

我希望我的儿子能够拥有这份自信。

倘若孩子没有自信，就会需要得到别人的认可和赞美，活在别人的想法中。如果按照别人的想法生活，就永远达不到自信的境界，其内心总是渴望得到别人更多的认可，简直就像活在心灵饥渴的地狱中。

自信的前提是拥有丰富的失败经验。这是大脑的特性使然。

因此，妈妈不应逃避或惧怕失败，或孩子一失败就对其横加指责。

别对失败满不在乎

失败没什么好怕的，但也不能对失败满不在乎。倘若我们对失败无动于衷，大脑就意识不到我们失败了，也就不会改写回路。

如果把失败归咎于外因——"都是别人的错""都是这个社会的错""都是因为运气不好"，那么我们的大脑就不会将其归为"需要记录在脑子里的一次失败"，相关回路也就不会被改写。结果是白白经历一场失败，什么教训都没得到。

我建议年轻人要学会包容他人的错误。当同伴或同事犯错把事情搞砸时，你也要反省自己："我一定也有做得不足的地方。"如此一来，你就可以用别人的错误来锻炼自己的思维能力。

失败时，要干脆地承认失败并深刻反省。不过，也没必要懊悔。坚信"今晚我的大脑会变得更聪明"，保持心情舒畅，睡个好觉吧。

虽然失败并不可怕，但与生命有关的事情经不起失败。我也因此养成了一个特殊的爱好——花钱找罪受。花钱品尝失败的滋味，为的是增加失败的机会，给大脑更多完善的可能性。

这就是为什么我总是秉持"志向要高远，心态要平和"的信念。我不在乎别人怎么看我。我跳了42年的交谊舞，这项爱好让我的生活更美妙。就算因为跳不好最基础的舞步而出丑，我也不会感到失落。

"志向要高远，心态要平和"的哲学适用于任何人生场景。在职场中，我的策划方案能很轻松地通过，业务项目进展得顺风顺水。这并非偶然，而是我历经多次失败后，在自我反省、不断总结的过程中提升了业务能力。

如果"志向模棱两可，心态起起落落"，一边逃避失败，一边又对结果过分执着，那么大脑就得不到改善，结果只能是停滞不前，在原地兜圈子。

因此，既要不怕失败，不惧他人的目光，又要在遭遇失败后认真反省，然后带着轻松的心情入睡。

当孩子失败时，妈妈该怎么做

我们没必要害怕失败，还应该珍惜每一次失败的经历。妈妈不要给孩子施加压力，要求孩子不能失败。

妈妈有时还应该在孩子面前出出丑，坦然地显露沮丧，说一些泄气话。这是为了让孩子知道，"胜败乃兵家常事，悲喜乃人之常情"。

那么，当孩子失败时，妈妈应该怎么做呢？

这时你责骂孩子，或者安慰孩子不要气馁，根本无济于事。你可以对孩子说："要是我能帮上你的忙该有多好啊。"

例如，在模拟考试的前一天，明明你已经提醒过孩子："睡前记得检查考试用品。"可到了第二天早上，孩子仍旧一惊一乍地说："完蛋了，我想起来要准备一双拖鞋！"这确实会让你很恼火，但这个时候，你应该稳定情绪，同时安抚孩子："要是我也帮你看一眼考试要求就好了。"然后，赶紧去帮孩子找拖鞋。

这样做意味着你会和孩子共同体验失败的滋味，在那一瞬间，妈妈就成了能分担孩子痛苦的人。

在这个世界上，还有什么比能分担自己痛苦的妈妈更重要呢？因此，失败是件好事。

妈妈怕失败，孩子的干劲就会减退

我曾听一位爱操心的妈妈训诫孩子："你上次和这次都失败了，下次你可能还会失败，所以要多留心。"遗憾的是，这个孩子十有八九会再次失败，因为当他开始做一件新的事情时，他大脑中的失败回路仍旧处于活跃状态。

孩子身边如果有一个害怕失败的领路人，那他可能成不了才。

孩子一旦受到妈妈的恐惧情绪的影响，体内就会分泌去甲肾上腺素。去甲肾上腺素是一种减弱大脑信号的激素，可以说它对大脑的运转起抑制作用。

妈妈自己惧怕失败，却指责孩子缺乏干劲，这就好比一个司机自己踩了刹车却抱怨车提不起速度。错不在孩子，这是妈妈的责任。妈妈应该摒弃成果主义，孩子失败时，妈妈不沮丧、不气馁；孩子成功时，妈妈不欣喜若狂。即使孩子失败了，妈妈也可以分担他的痛苦，同时给他加油鼓劲——"你的策略很好""我为你从未放弃而感到骄傲"。

日本难得一见的将棋[①]天才藤井聪太说过："玩将棋，输赢乃是常事。为了结果而大喜大悲，是没有任何意义的。"

我们就该引导孩子步入这种境界。

---

①将棋：日本棋类游戏的一种。

第五章

如何培养体贴别人的男孩

男人得学会做一个绅士，懂得体贴自己的爱人——守护她，宠爱她，为她做饭，逗她开心，对她说甜言蜜语，以穿一身帅气的军装英勇地骑着摩托车的形象出现，必要时充当盾牌为她挡子弹……就像《爱的迫降》里的李正赫。

我很抱歉在这本书中多次谈及这部在2020年掀起收视热潮的电视剧。但事实上，该剧的男主角李正赫简直就是我儿子的翻版，所以我不得不说。

我指的不是他们外表长得像，而是他们都具备绅士的品格。男主演玄彬以出色的演技完美演绎了一位绅士的角色，"令妈妈也着迷的男人"就应该是这样的。

在这个世界上,绅士都是由妈妈培养成的,但很多妈妈对此都不太上心。因此,最后我要谈一谈如何培养体贴别人的男孩。

言语中的体贴

要成为一个体贴之人,前提是具备同理心。要注意观察对方的情绪,说话时要照顾对方的感受,理解对方的行为,必要时向对方伸出援手。

所谓绅士风范,不过如此。然而,对男性来说,这个要求非常高。

正如前文提到的,男性天生拥有"客观优先型"大脑,第一时间会把目光投向远处,其大脑的思维方式属于结果导向的问题解决型。他们锁定目标,发现问题,然后向终点发起冲刺。出于这个原因,他们与别人谈话时,一开始往往就会出其不意地直击对方的弱点。

而女性会对近处的事物仔细观察，进而做到全面把握，其大脑的思维方式属于过程导向的共鸣型，即通过情绪来触发记忆，以加深认识。出于这个原因，她们与别人谈话时，当对方谈及自身的感受或过往的经历时，她们通常都能做到换位思考，用同理心去进行沟通。

以同理心进行交流是女性的思维方式，而男性总是出其不意地直击对方的弱点。如果双方缺乏共鸣，沟通就无法达到令人满意的效果。比如：

女："今天有件事让我很难过。"

男："哎呀，那是因为你关键时刻大意了。"（指出问题）

女：……

男："你要是不想干的话，就别干了呗！"（解决问题）

当然,女人期待展开的是如下这番对话:

女:"今天有件事让我很难过。"

男:"哎呀,这太让人伤心了。你太善良了,这世上有些家伙,不狠狠地批评一顿,他们是不会醒悟的。"

女:"我也要坚强点儿才行。"

男:"不,你这样就很好了。"(认可)

前一段对话确实提出了解决问题的方案,而后一段对话看不出明确的沟通目的。从男性的角度来看,后一段对话可能是无效沟通。

然而,就情感交流来说,前一段对话起到了反作用,而后一段对话才是正解。

男女之间展开对话,如果心意相通,互相理解,也能解决问题。一个被爱人用心呵护的女人,一定会变得坚强无比,从而摆脱"关键时刻掉链子"的困局。从情感来看,第二段对话已经达到目的了。

绅士不是打扮得多精致，而是在言语上给予女性体贴。

采用第二种交流方式的男性非常受欢迎，和他们在一起的女性会因为他们的言语呵护而变得更加强大和美丽。

这是一个双赢的局面。

让男孩在 13 岁以前学习共情式沟通

然而，在现实中很难遇到这样的男人。这是因为一个人的思维方式和说话风格属于本能的范畴，是瞬间输出的。当我们回过神来时，话已经说出口了。要有意识地去改变一个无意识脑信号的走向是非常困难的。

不过各位妈妈不用担心，关于男孩的大脑，我有一个好消息。

男孩天生拥有"客观优先型"大脑，但要等进入青春期后，才会形成结果导向的问题解决型思维方式。在此之前，在妈妈的引导下，男孩完全可以轻易地掌握共情式沟通的交流方法。也就是说，如果男孩在青春期以前得以完成与妈妈之间的共情式沟通训练，那么他们自然能够成为"言语上的绅士"。

可是，为什么很多男孩做不到呢？

答案很简单，因为妈妈没有与儿子进行共情式沟通。还记得前文中的那两段对话吗？让我们把谈话者换成母子。

儿子："今天有件事让我很难过。"

妈妈："哎呀，还不是因为你做事磨磨蹭蹭的。"（指出问题）

儿子：……

妈妈："你要是不想干的话，就别干了呗！"（解决问题）

儿子:"今天有件事让我很难过。"

妈妈:"哎呀,你很难受吧?其实,你可以把事情说清楚的。"(共情)

儿子:"是的,下次就这么办。"

妈妈:"加油!你肯定没问题的!"(认可)

那么,大家平常和儿子都采用哪种方式交流呢?

出乎意料的是,使用第一种交流方式的妈妈居多。如果你的丈夫用这种方式跟你交流,你肯定会感觉很恼火,可你又会不自觉地用这种方式和儿子交流。

这样一来,儿子就会变得不会说温柔的话,而他的妻子又会重复你的经历。除非某一方发生改变,否则这种恶性循环将永远持续下去。

除妈妈的引导外,男孩基本上没有其他途径成为一个"言语上的绅士"。毕竟男人之间的沟通都是为了解决问题。

今天有件
事让我很
难过。
哎呀，还不是
因为你做事磨
磨蹭蹭的。

今天有件
事让我很
难过。
哎呀，你很难
受吧？其实，
你可以把事情
说清楚的。

别用"对话粉碎机"——"5W1H"式提问

曾经有一位8岁男孩的妈妈来找我咨询:"我的儿子更喜欢爸爸,我感觉自己可有可无。"说话时,她垂头丧气,眼泪在眼眶里打转。她向我吐露,她跟儿子根本无法沟通。

这是一位年轻漂亮的妈妈,对孩子来说就像个大姐姐。8岁的孩子应该有一箩筐的话想跟妈妈说才对,这是为什么呢?我感到很纳闷儿,便问她:"你的儿子放学回来后,你都对他说些什么?比如说,你昨天对他说了什么?"

"就是问他在学校怎么样,催他快点儿去做作业。"

问题就在这里。问孩子"在学校怎么样",妈妈希望得到什么样的回答呢?如果我下班回到家,家里人一见面就问我"在公司怎么样",我可能也会当作没听见。

事实上，对于诸如"在学校怎么样"之类的"5W1H"式提问，家长们要谨慎使用。

"5W1H"式提问是指含有Who（谁）、When（何时）、Where（何地）、What（什么）、Why（为什么）、How（如何）这几个疑问词的问题。

比如："你在做什么？""在学校怎么样？""你要去哪里？""你什么时候买的这个？""你为什么把它放在这里？"这些问题就好比拳击比赛开场的那一声锣响，是让孩子神经紧绷的一种信号。

"5W1H"式提问是一种以解决问题为目的、急于得出结论的说话技巧。而当一个人的大脑处于紧张状态时，是无法打开心扉的。

当然，如果你是为了了解某件事的细节而采用"5W1H"式提问，那没问题。可倘若你想来一场心灵对话，那这么问将适得其反。

问孩子诸如"在学校怎么样""作业做了吗"

之类的问题，和丈夫一回到家就问你"今天都干了些什么""晚饭做好了吗"所用的思维是一样的。

我把出其不意的"5W1H"式提问称为"对话粉碎机"。

尽管你用"5W1H"式提问的本意并非威慑对方，可这话在对方听来是有威慑力的。而如果你的目的是为了发泄怒气，那么威慑效果还会加倍。

当看到桌上放着一个脏杯子时，很多妈妈会气不打一处来："这是谁干的？为什么不收拾？你为什么就不能整洁一点儿？我不是跟你说过吗？为什么你就是不听呢？"这种心情我能理解，可就算你把话说到这个份上，这世上又有谁听了这话之后，就能老老实实地跟你认错，向你服软示好呢？

"5W1H"式提问只会让你的家人一颗心一下子提到嗓子眼儿，并在你们之间营造出一种别扭的、不愉快的氛围，到头来你什么好处都得不到。既然如此，还是不说为好，不是吗？

别问"为什么",要问"怎么了"

这种时候,妈妈最好问问孩子:"没事吧?怎么了?"而不是气鼓鼓地责问他:"你为什么就不能收拾一下呢?"

请不要质问孩子:"你为什么不做作业?"而是关切地询问:"你没事吧?你有好几次忘了做作业,怎么了?"

妈妈问"为什么"是在责备儿子懒惰,而问儿子"怎么了"则是在怀疑是否有外部原因导致儿子没做作业。话语中包含的是温柔的关怀——妈妈想和你一起想办法解决问题。

如果妈妈问孩子"为什么不做作业",而孩子回答"我忘了",妈妈肯定会很生气;如果妈妈问"怎么了",而孩子回答"我忘了",妈妈可以用"那要怎么做才能确保以后不再忘记呢"来开启一段有建设性的对话。两种问法所产生的效果有着天壤之别。

女性的大脑以共情式沟通为优先，因此女性可以本能地展开心灵对话。然而，在如今的家庭中，家人间对话的目的都偏向于解决问题。

妈妈在育儿过程中设定了各种各样的目标。短期目标是让孩子赶紧吃完饭，然后做作业、洗澡，第二天早上送他上学。中期目标是让孩子通过考试。长期目标是把孩子培养成一个优秀的成年人。妈妈眼前摆着大大小小的许多目标。

就这样，在"你做作业了吗""学校怎么样""你为什么不交给我"的解决问题式对话中，日子一天天地过去了。不知不觉，孩子就长大离巢了。

其实，这样做会产生很严重的问题。当孩子长大后，你会无法与他愉快地交谈。将来等他结婚之后，他与家人对话的目的也会偏向于解决问题。

13岁是一个转折点

13岁以前，男孩很容易学会共情式沟通，但13岁以后，当睾酮的分泌量达到高峰时，他们的沟通方式会迅速转变为结果导向的问题解决式。

就在昨天，他还撒着娇说："妈妈，你看看我。"今天却说："哎，你别看着我。"这种骤变是几万年来一直存在的、男性大脑成长的证据。

如果你在孩子转变之前，就把家打造成一个进行共情式沟通的温馨场所，那么孩子自然而然地就能学会两种沟通方式，由此蜕变成一位"言语上的绅士"。

这就要看各位妈妈的本事了。

觉得为时已晚而唉声叹气的妈妈，请不要担心。虽然改变孩子的过程会很辛苦，但是妈妈的字典里没有"不可能"三个字。

正如我在第三章里提到的，男孩的睾酮分泌量会在十几岁时达到高峰，从 18 岁左右开始有所减缓。

睾酮主要作用于下半身，但对大脑也有影响，能唤起男孩强烈的使命感和斗志。13 岁之后的几年里，男孩会变得叛逆，难以相处。

不过，在如此难以管教的情况下，妈妈温柔的话语依然能萦绕于孩子的心间，令其动容。无论孩子的反应如何，请妈妈都不要在意，只要遵循本书的建议即可。这个阶段孩子睾酮的分泌量不稳定，一直到 18 岁才会逐渐稳定下来。

其实，不管到了多么叛逆、敏感的年纪，男孩对妈妈的心依旧是柔软的。比起恋人或妻子，妈妈更容易帮男孩把沟通模式由解决问题式转换为共情式。

在男孩 13 岁之前，妈妈做这件事情是可以水到渠成的。而 13 岁之后，事情就没那么容易了，需要花费更多的时间，但并非不可能。在放手让儿子展开冒险之前，这是妈妈的责任。加油！

和孩子展开心灵对话的方法

接下来，我想谈一谈和儿子进行心灵对话的诀窍。

首先，各位妈妈切勿冷不防进行"5W1H"式提问。不过，诸如"番茄酱在哪儿""家长观摩教学是在什么时候进行"这类要立刻得到答案的提问，以及用来替换"为什么"的"怎么了"之类的表述不在此列。

和孩子展开心灵对话有6种方法。

1. 表扬

发起甜言蜜语攻势。比如对他说"那个真不错啊""不是挺帅嘛""你连那个都懂啊""这是你喜欢的曲子？品位不错哟""你的腿好长啊""你穿夹克的样子真酷啊"，等等。

儿子还小的时候，我曾对他说："你真是个好孩子。这样的宝宝能成为我的孩子，真是奇迹啊！真的很感谢你选择我当你的妈妈。"这是我发自内心的想法，所以我时常把这些话挂在嘴边。儿子读中学的时候，有一次他煞有介事地对我说："哈哈，我怎么看都不像个好孩子啊。这样没关系吗？"他还为我的审美眼光瞎操心呢。

2. 抚慰

用言语抚慰一直以来努力表现的孩子。比如对他说"干得好""你很努力了""很辛苦吧""很冷（热）吧""很重吧"，等等。

儿子上幼儿园时，有时我去接他迟了，就会安抚他："你一定很不安吧？对不起呀！"后来，他对我说了同样的话。有一次，儿子外出旅游，我好不容易才联系上他。事后，他安慰我："让你担心了吧？对不起呀！"

3. 感谢

感谢孩子为自己所做的一切。比如对他说"谢谢你帮我取快递""谢谢你陪我买东西""你帮我把米搬过来,真是帮了我大忙",等等。

在心怀感激的父母的感染下,孩子同样会心怀感激。就像儿子会对我说"你做的饭很好吃,谢谢妈妈""你帮我把西装挂好了啊,谢谢妈妈",等等。

4. 谈论所见所感

如果妈妈给孩子讲述一件发生在自己身上的寻常事,有时可以抛砖引玉,令孩子袒露内心的感受,从而开启一场心灵对话。妈妈只要随口说一件无关紧要的事情就好。

"岸边的樱花已经绽出花蕾了。"

"今天这雨可真大呀。"

"我正在读的历史小说里出现的食物好像很美味啊。"

"这首广告宣传曲,我年轻那会儿可流行了。"

就算上述这些话都被儿子无视了,妈妈也不必气馁。与儿子交流,只有当妈妈的某一句自言自语触动了他的心弦,妈妈才能得到回应。多尝试几次,总有一次能成功。

5. 向孩子求助

"你能帮我尝一下咖喱的味道吗?""今天吃火锅,放些什么食材好?""哪个应用程序最适合开远程会议?""如果在这里放一个书架,你觉得什么颜色好呢?"就像这样,妈妈可以时不时地询问孩子的意见。

有时,妈妈问问他对某一社会话题的看法也是一个好主意。比如:"学校的新学年从4月开始改成9月开始,你觉得可行吗?"

这个方法可以让妈妈暂时从家务和家庭问题中解脱出来,有时还会出乎意料地开启一场带劲的谈话。

6.吐露泄气话

妈妈也可以表现出脆弱的一面,可以对孩子说"我好难过,你快安慰我一下""我很累,动不了了"。妈妈还可以让孩子给你一个拥抱,或者给你读一读绘本。

什么样的瞬间算得上母子"心有灵犀"呢?

大脑靠相互作用来激活。这是因为大脑的认知功能使我们能够立即识别出与我们互动的事物。当我们对某人(或某物)采取行动,并且对象表现出良好的变化时,大脑的愉悦感就会最大化。换句话说,就大脑功能而言,待人友好之人的大脑,要比被友好对待之人的大脑更能感受到快乐。

我们会被所爱之人的优点(美丽或强大之处)所吸引。哪怕是他的缺点,在我们眼里也成了优点。我们变得离不开他们。

各位妈妈,想一想那一日你把刚出生的宝宝揽进怀里时的心情,想一想把整个生命托付给自己、睡得香香甜甜的宝宝带给你的那种幸福感。让我们把这种快乐也带给儿子吧。

有一个地方，只为妈妈保留

我们一定要让儿子知道妈妈依靠他，他的存在是支撑妈妈活着的力量。

在妈妈看来，这是天经地义的事情，不用说出口孩子也能明白。可就算是一家人，爱还是要说出口才行。

对于孩子来说，懒散、只知抱怨、充满负能量的妈妈令他困扰，而积极向上、偶尔脆弱的妈妈一定是迷人的。妈妈脆弱的一面就像一个挂钩，会把母子的心连接在一起。

坚强、睿智的妈妈会时不时地给自己的坏情绪找个宣泄的出口。

我就经常在儿子面前吐露泄气的话，也会对他说"妈妈不能没有你"。儿子曾告诉我，他上高中时有一回骑自行车差点儿撞上一辆卡车，是"不能撇下妈妈、奶奶和外婆就这么死去"的强烈信念让他在危急关头改变了方向。看来我的方法很成功。无论发生什么事，我都希望他能平安地回家。

儿子5岁的一天，我因为写不出稿子，躺在沙发上，全身散发着苦闷的气息。他见了，立刻飞奔到我身边，问："没事吧？"他给了我一个大大的拥抱，并拍了拍我的背，给我鼓劲。不可思议的是，我很快便文思泉涌，不一会儿就洋洋洒洒地写出了一篇文章。

我笑着对他表示感谢。从那时起，为情绪低落的妈妈一扫阴霾、加油鼓劲似乎成了他一项神圣的职责。每当我说"写不出来"时，他就会跑过来拥抱我，这就好像是一种仪式，而且这种仪式一直持续到现在。

他读大学的时候，有一次半夜给我打电话，他觉得我说话的声音听着没精神，很担心我。当我沮丧地说自己写不出稿子时，他立刻就说："要不我现在骑摩托车过去吧？"他住的地方离我们家有两小时的车程。我跟他说我没事，让他不要回来。可我电话还没放下，就隐约感觉到他准备出发了。这让我感觉温暖。男孩的使命感是如此强烈，不光我的儿子如此，他的朋友们对妈妈的爱和奉献精神也是这样。或许比起语言，他们更倾向于用行动来表达对妈妈的爱。

每个男孩的心中都有一个地方，只为妈妈保留。除此之外，我无法想到更好的形容。这也难怪，毕竟妈妈是男孩虚拟空间坐标系的原点嘛！

对一个男人来说，有一个他必须保护的人是养成体贴之心的必备条件。从儿子5岁开始，对他来说，他的妈妈就成了一个"没有儿子拥抱鼓劲，就写不出稿子的人"。

在某些情况下，儿子还会充当起领导的角色。他上小学时，有一次我在他面前抱怨说懒得写方案。于是，他安抚我说："我也要做作业了，咱们一起写吧。"接着他帮我收拾好桌子，还帮我打开了笔记本电脑。

有时候，我会向儿子撒娇，就像我小时候向母亲撒娇那样。那是一段无可替代的幸福时光。

如果家里有多个男孩，那么请给他们每人分配一项"神圣的任务"。一旦分配好，就不要随便更改。

比如，星期天早上吃哥哥做的煎蛋；或者心情不好时，让弟弟弹钢琴给你听。

找准孩子擅长的事情并让他去做，使之成为孩子的习惯，孩子就会把它当作一项"神圣的任务"。这就好比一支爱心之箭，会把妈妈和孩子的心串联在一起，也会帮助孩子成为"言语上的绅士"。

就座时让女士优先

绅士礼仪中的第一条就是，就座时让女士优先。

1999年，我带着8岁的儿子去欧洲出了趟差。当时同我有合作关系的一名中提琴独奏家获邀到美丽的古城——杜布罗夫尼克演出，那是克罗地亚的国家级演出项目。我无法忍受长时间不在儿子身边，所以决定带着他一起去。

在维也纳、萨格勒布和杜布罗夫尼克，我们会见了一些音乐专业人士和他们的家人，漫步在城市的街道上，感受各个城市的气息。我看到了很多对母亲和祖母呵护有加的男孩。在餐馆和音乐厅，即使是学龄前的小男孩也不会不顾他人，自己先坐下。他们会用温柔的目光看着同行的所有女士都就座之后，自己再坐下。

这种行为实在太酷了！他们并不是为女士们拉开椅子，那是餐馆工作人员的工作。他们只是在一旁默默地观察着，确保他们关心的人顺利就座，并且椅子是舒适的。

不可思议的是，那些观察女士的就座情况、让女士优先就座的孩子看上去优雅从容，即使他们才5岁。

我家的8岁男孩也自然地学习到了这一优点。

全球通用的绅士礼仪

随着时间的推移，我明白了那个就座礼仪与其他绅士礼仪是相通的。我的儿子养成让女士优先就座的习惯后,每当我上下车或走楼梯时,他都会自然地留意我的脚步。

当我穿着高跟鞋下楼梯时,他会先下两三个台阶,然后半转身看着我安全地迈出第一步。如果我脸上露出不安的神色,他就会伸出手臂来扶我。如果我穿的是长裙,他会在我开始下楼梯时留意我的步子。我如果感到不安,就会在楼梯边停下来,回头看看他。他会向我微微点头,就像一个穿着闪亮盔甲的骑士。而当我在一扇门前停下时,当然了,他会帮我开门。

在欧洲男孩中很常见的一些绅士举动,都是从观察开始的。他们并不是立刻伸手援助你,或者帮你拉开椅子。事实上,即使在欧洲,男士也不会总向女士伸出援手。他们会先观察情况,当女士显露出不安的样子时,他们再看似若无其事地搭把手。

而观察的要点是女士当天穿了什么鞋子、什么衣服,还有大概什么年纪。一般来说,他们只在女士"坐下时""站起时""开始下楼时""开始上楼时"和"开门时"留心观察。除此之外,如果男士们再做好这三件事,即"为乘坐电梯的女士服务(注意门的开关,帮她按下按钮)""在飞机的机舱内通行时给她让路"和"帮她穿大衣",那么女士们到世界任何一个地方都不用担心遭遇尴尬的场面了。在儿子长大成人,步入社会,走向世界之前,我们必须教会他这些礼仪。

从女士准备就座时,男孩就要开始留意,即使是在一个不起眼的小餐馆里用餐。当男孩将这些绅士举止变成自己的习惯后,其他的行为举止自然也会跟着变得体贴。

需要注意的是,面对"骑士"的绅士行为,女士也得有"公主"该有的样子。总之,无论做什么,都要保持优雅:要挺胸抬头,不慌不忙地朝着前方迈开步子(切勿一个劲儿地向前冲);遇到楼梯时,要放慢速度;在就座之前,先停下来与你的"骑士"

进行眼神交流。

如果女士拔腿就要往前冲,那么"骑士"就没有机会展示绅士的一面了。要是女士二话不说,一屁股就往椅子上坐下去,这让一旁的"骑士"情何以堪?

当"骑士"为女士穿大衣时,女士要伸直手臂,表现得落落大方一些。这样方便"骑士"把袖子穿过女士的手臂,帮女士穿好外衣。

教会男孩做饭

我接二连三地看了好些热门电视剧。令我惊讶的是,剧中的男主人公居然个个会做饭。

在我上周观看的一部电视剧中,一位年轻的君主(剧中的设定是平行世界)身着帅气的军装,做了一顿正宗的料理来款待他所爱的人。在本书中多次提到的《爱的迫降》里的李正赫也是。他身着野战军装，烹饪出一道又一道的菜肴，博得了女主人公的欢心。

（但是为什么要穿军装呢？是因为穿军装和做饭之间的反差很大吗？）

保护重要之人不受伤害，想尽办法讨她欢心，为她烹饪美味的菜肴，在21世纪的今天看来，这些都是英雄之举啊。换句话说，会做饭也是男性体贴女性的表现。

在我看过的那些电视剧中，女主角都不会做饭。最近常有人问我："怎样才能让儿子做得一手好饭菜呢？"

事实上，男性应该是擅长烹饪的。凭借较强的空间意识和运动能力，男性很容易掌握烹饪这门技术。

尽管女性对味道更敏感，对喜欢的口味反应更真实，但在客观品尝和比较评价方面，男性更有优势。

基于这种差异，男人对女人厨艺的赞美往往会令女人恼火，比如"这饭菜做得很好""你对咸淡掌握得好一些了"。

客观评价？不需要！"很好吃""好开心""我一直想吃这个"，女人需要的是男人一张口就说出的主观赞美！

尽管男女感知食材的方式略有不同，但不管哪一方都可以成为优秀的厨师。

我们家的主厨是我的儿子。我最喜欢吃他做的一道菜是烤羊排，那比我在任何大厨（包括米其林星级厨师）那里吃到的羊排都要美味！

我的儿子在校外住宿时，有一次曾对我说："这周卷心菜很便宜，所以我想出了三种卷心菜的做法。"我的儿子真厉害！哪怕就一个人住，哪怕兜里没什么钱，他也认真享受做饭的乐趣；而且，他还是一个能将剩菜做到物尽其用的天才。

把儿子培养成厨师后，能和他一起站在厨房里制作超级美味的食物实乃一大幸事。我们可以一起商量购物清单，聊天的话题也多了，有时他还会邀请我一起去购物。最重要的是，他对烹饪需要花费的心思和汗水深有体会，所以能就细节方面说出感谢的话："准备这个配料不容易吧？很好吃！"这会让做饭的人备受鼓舞。我强烈建议妈妈让儿子参与烹饪。

我认为会做饭是儿媳妇爱上我儿子的首要原因。会做饭的男孩肯定比不会做饭的男孩更受欢迎。

最先培养我儿子味觉的是我的婆婆。

我的儿子出生于1991年。当时正值日本泡沫经济巅峰期，可以感觉到社会的车轮正在全速转动着，与如今新冠疫情导致的经济停摆是截然不同的局面。我研发的一款日语对话型人工智能机器人在日本各地的核电站投入使用。我没办法休息，只能放下3个月大的儿子，重返职场。

我的婆婆满口答应要帮忙照顾孙子："这样一来，我总算也能体会带孩子的滋味了。"我的公公是个手艺人，早前我的婆婆也得忙手艺活儿。在手艺人家里，眼神好的年轻媳妇是干活儿的主力，而孩子则交由奶奶照顾。我的婆婆非常享受带孙子的乐趣。我对她的感激之情无以言表。

我的婆婆会用浸泡了半天的干香菇、海带和干鲣鱼片熬煮高汤。这是她每天少不了的烹饪工作。这种用高汤煮出来的口味清淡的鱼，是我的儿子人生中吃到的第一种辅食。

我相信是我婆婆的厨艺开启了他的味觉之旅，因为他的味觉要比我的敏锐得多，不可能是由我打造出来的。煮火锅时，他会加入一大把浸泡了半天的干香菇。他似乎没有意识到，他这么做让菜肴里有了奶奶的味道。尝到嘴里的那一刻我几乎泪流满面，真的好怀念呀！

如果我有孙子的话，那他的味觉也许就得由我来培养了。也许我应该去上一个烹饪班！

那么，如何让一个男孩擅长做饭呢？

这一切只能靠父母对烹饪的热情。与培养孩子的阅读兴趣相同，父母很开心地沉浸在烹饪的乐趣中，孩子自然会想尝试做饭；父母很享受某种美食，孩子自然会想尝尝味道。像奶奶用心熬煮高汤那样，父母也必须愿意花时间熬煮高汤给孩子吃。用爱用心地去教导孩子，就是这么简单。

我认为培养孩子对烹饪的兴趣没有任何捷径可走。

我记得曾经有一位妈妈来找我咨询，她为儿子饭量太小而感到烦恼。为了让孩子专心吃饭，吃饭前，她要求孩子收拾好玩具，关掉电视机，拉上窗帘，自己不吃，就坐在一旁看着孩子吃。可是，孩子就是不肯吃饭。

听到这里，我不禁打了个寒战："这位女士，你可以换位思考一下。到了傍晚的某个时间，妈妈就严肃地收走玩具，拉上窗帘，关掉电视机，端出食物，紧盯着你，给你造成一种压力，而且是每天都这样。像这样用餐，难道不可怕吗？"

那位妈妈听罢，连忙惊呼："听你这么一说，确实很可怕。这样一来，连吃饭也会给孩子留下精神创伤。"

天赋的发掘来自日常接触

不仅是烹饪，要想让孩子做一件事情，父母首先该考虑的不就是以身作则、享受做这件事吗？

一次，我有机会与一位在肖邦国际钢琴比赛中获奖的俄罗斯钢琴家交谈。我问他："你为什么会成为一名钢琴家？"他回答："因为我的父母都是音乐家，家里有很多乐器。"他说，是父母和哥哥姐姐享受演奏的样子吸引了他。

他在家中排行老三。虽然父母对哥哥和姐姐进行了音乐英才教育，却从未教他演奏乐器，甚至有意让他远离乐器。他们认为，三个孩子中至少有一个应该走非音乐的道路。可他时常躲起来玩钢琴的琴键，最终还成了家族中最受赞誉的音乐家。

我认为还有一个重要的原因，那就是他不是"被迫"学的音乐，而是"被禁止"接触音乐。要知道，对于被禁止的事情，人类的好奇心反而更强。有人告诉你"这扇门不能打开"，结果你一打开，就发现眼前竟是一片奇幻乐园！

强扭的瓜不甜，发掘孩子天赋的方法不是强迫他去学一门才艺，而是用日常生活中的事物激发孩子的兴趣。

孩子自然地看到、摸到某样东西或尝到某样食物，并在好奇心的驱使下踏出探索的第一步，他的大脑会发挥强大的思维能力。从大脑构造来看，这一点是不言而喻的。

我认为我儿子最了不起的天赋就是烹饪。现在想一想，他就是在用烹饪的思维处理工作、建造房子。

虽然学习才艺也不是件坏事，但日常的自然接触会更加深入地影响孩子的大脑发育。

你们的儿子在日常生活中都接触些什么呢?

汤姆·索亚行动

我小时候读过一本书,书名叫作《汤姆·索亚历险记》。它是一部非常受欢迎的儿童小说,其中有一个场景让我记忆犹新。

有一天,汤姆的爸爸让他粉刷房子的四面墙壁。墙壁的面积很大,他一整天都在不停地粉刷。当他的小伙伴过来取笑他时,已经刷得不耐烦的汤姆突然灵光一闪,装出一副乐在其中的样子。

他的朋友们纷纷投来艳羡的目光,并请求:"让我也刷一下。"见汤姆不乐意,他们便献上一些礼物,再三恳求他。汤姆这才假装勉强答应让他们刷一下。

好不容易得到机会当粉刷匠,朋友们都非常开心，便到处宣扬。很多孩子被吸引了过来。就这样，汤姆成了大红人，还收获了很多礼物，得到了爸爸的夸奖。

这个故事中体现的思维转换对我造成了很大的冲击。

自那以后，当我想为完成某件事情"招兵买马"时，我就会施展演技，假装干得很开心，无论是工作还是家务。而假装开心最终会给大脑带来真正的快乐。现在，我已经不用假装快乐了，因为我本来就发自内心地感到快乐。

因此，我和丈夫分担家务和育儿工作时，并不是互相给对方强加烦人的义务，而是秉着"我参与，我快乐"的态度。现在洗衣服这事都归丈夫负责了。

要想让儿子加入学习烹饪的行列之中，自然也得展开"汤姆·索亚行动"。

行动的第一条准则就是，家里的某个人必须乐意做饭。"哇，这些西红柿看起来真好吃""今天我要做大家最喜欢吃的咖喱茄子",先用欢快的语调自然地吸引孩子加入,然后给孩子分配任务,"你把这个搅拌一下""你帮我尝一下味道"。

在孩子完成任务后表扬他,"多亏了你,这东西变好吃了""你很有天赋"。

这样一来,做饭的场景就会在男孩的大脑中留下深刻的印象,而做饭也会成为爱的互动。等长大了，他也会想在心爱的人面前露一手。做一顿家常便饭，可以舒缓疲惫的身心，是最好的体贴方式。

用面部表情表达体贴

在前文中，我列举了从言语上、礼仪上和生活中培养体贴别人的男孩的方法。然而，表达体贴还有一个方法，那就是让表情温柔。

面部表情可以瞬间改变一个人的心情。如果有人对你摆出一副温柔可亲的表情，你的内心自然会感到平和、宁静。

一个人的一颦一笑，可以左右其心爱之人的情绪。我们的大脑具有直接将我们面前之人的表情和动作转移到自身神经系统中的功能，就像照镜子一样。这种能力源自被称为镜像神经元的细胞。

婴儿有大量的镜像神经元，通过复制眼前之人的面部表情来习得语言。

在出生3小时后的婴儿身上，我们就可以观察到这种现象。科学家曾做过一项关于婴儿模仿行为的研究：如果妈妈把脸靠近宝宝，耐心地把舌头伸出、缩回，宝宝就会模仿这个动作。

即使是刚出生3小时的婴儿，也能分辨出眼前的粉色物体在与身上的哪个部位触碰，还明白如何做能让相同的动作再次重复。当然，这不是思考后做出的动作，而是镜像神经元的共鸣反应。

基于大脑的这个功能，妈妈对宝宝笑，宝宝就会对妈妈笑；妈妈对宝宝挥手，宝宝就会对妈妈挥手。过不了多久，在妈妈的话语的引导下，宝宝就会开始学说话。

妈妈的话语和面部表情不能太随意

宝宝对任何人的面部表情都有反应，对妈妈的反应尤为强烈。这是因为宝宝在妈妈肚子里待了10

个月，其间全面地感受到了妈妈肌肉的活动。当妈妈微笑时，其表情肌会牵动腹部肌肉和横膈膜一起轻微地运动。当妈妈说话时，其先是肺部膨胀，横膈膜起伏，腹部肌肉紧张，接着声音会传达到腹腔。

这就是为什么宝宝出生后，也依旧会对妈妈的面部表情和话语产生强烈的共鸣反应。在育儿这件事上，爸爸和妈妈并不势均力敌，妈妈具有压倒性的优势。

有一次，我做完一个讲座后，有位男士来休息室找我。他是一位高中校长，看起来50多岁的样子。他向我讲述了自己的遭遇。

"我有3个孩子，都是由我这个大男人拉扯大的。因为我的妻子在生小儿子时去世了。最小的孩子从来没见过自己的妈妈。可奇怪的是，他说话的方式和我的妻子简直如出一辙。我老婆经常把'谢谢'二字挂在嘴边，她对我就经常说'谢谢'。而我的小儿子会在同样的场合，用同样的语气对我说

'谢谢'。我一直很纳闷儿,他明明没见过他妈妈啊。今天我终于知道这是为什么了。那孩子不是没见过妈妈,他在妈妈的体内待了足足10个月,他能感觉到妈妈。孩子是'见'过妈妈的。"

因此,面对孩子时说什么样的话、使用什么样的表情,妈妈比任何人都更负有责任。当一个女人成为妈妈后,她的话语和面部表情就不能太随意。

孩子从学校回到家后,妈妈是否能心平气和地迎接孩子?如果妈妈用平和、充满好奇心,或有活力、愉快的表情来迎接孩子,孩子就会把这种表情转移到自己的脸上,随即转换心情。

人的面部表情十分有趣,它既有输出,也有输入。我们会因为开心而露出高兴的表情;而当我们做出高兴的表情时,大脑会触发快乐的神经信号,让我们感到身心愉悦。

如果孩子面对的是脸色阴沉、怨气十足的妈妈,或是焦躁不安、怒气冲冲的妈妈,孩子的情绪也会受到影响。

家可以是天堂，也可以是地狱，而这与妈妈的表情和态度有很大的关系。

妈妈的认可才是对孩子最大的肯定

当然，妈妈也有心情不好的时候。烦躁不安，想发泄一通，这些都是再正常不过的情绪。

对孩子来说，妈妈的喜怒哀乐也很重要。有时候，只有妈妈表现出愤怒或者悲伤，孩子才会警醒。孩子的大脑会根据妈妈的喜怒哀乐绘出一张感性地图。因此，一个从来不发脾气的妈妈是不利于孩子成长的。这会导致孩子缺少感性的认知。

对孩子说"路上小心"和"你回来啦"时，妈妈一定要心平气和。男性大脑具有高度的空间认知能力，习惯把点连成线或面。不管其余时间妈妈的举止如何，光是每天那两次雷打不动的亲切问候，就足以在孩子心中烙下"慈母"的印象。一想到家中有一位慈祥的妈妈，孩子就能咬牙顶住外面的风吹雨打。哪怕过了很久，孩子依然会记得，妈妈是一个特别温柔的人。

母爱似海，妈妈宽厚无边的温情会使儿子成为一个暖心的人。这正是一个男人最强大的品质。

妈妈的一颦一笑足以改变儿子的人生，所以一天两次温柔的问候是妈妈的职责。

男孩不关注近处，把身边的事务全盘交给妈妈。男孩在大脑中将妈妈作为虚拟空间坐标系的原点，从这里出发，不断扩展对世界的认识。对于男孩来说，妈妈是"世界之始"，是"创始女神"。

无论对多大年龄的男孩来说，妈妈的地位都不可动摇。对于很多成年男人来说，无论他们的社会地位有多高，妈妈的认可才是最大的肯定。

所以，各位妈妈，我希望你们能够幸福，也希望你们能够肯定自己！

这本书中或许有很多话刺痛了你们，但请你们不必在意那些不中听的内容，只要把你们认同的内容记在心里就行了，因为我不想否定你们的人生，哪怕只是一丁点儿。

一位能够享受人生的妈妈，她的儿子自然会成长为有魅力的人。

结 语

在生下儿子的那个晚上,我做了一个很短的梦:我的儿子约莫 60 岁的样子,站在我的床边,喃喃地说"你总是那么爱我"。那种感觉异常真实。我真切地感觉到他在我额头上留下了一丝温暖的气息。或许有那么一瞬间,我穿越了时空,见证了自己人生的最后时刻。

"这样挺好!"我心想。

我离开人世前,给儿子留下了他被妈妈深爱过的记忆。我会带着他那温暖的气息去往另一个世界。

如果人生的最后一程能走得如此安详,那么死亡又有什么好怕的呢?

我想,这就是我的终极育儿目标。

就这样,距我第一次将儿子揽入怀中过去8小时后,一场梦让我明确了自己的终极育儿目标。

作为一名人工智能工程师,在我与人工智能打交道的日子里,我收获了一个孩子。我从心底被人类小孩的鲜活个性震惊。生命的灿烂是任何人工智能都无法匹敌的!

身为妈妈才有的直觉让我开辟出了一条与众不同的人工智能开发道路。得益于此,我才有幸写出一些作品。成为一个男孩的妈妈是我人生中所获得的最大恩惠。

我还做过这样一个关于儿子的梦。

有一天,我梦见神明站在我的窗前,对我说道:"我把诺贝尔奖颁给你吧。"

当时,我的心情异常激动。要知道,我正在研究"大脑的周期性所创造出的经济循环"。如果得奖，那应该是诺贝尔经济学奖。这可是日本女性首次将诺贝尔经济学奖收入囊中！如此一来，我的书也能大卖了，哈哈哈！我必须为颁奖仪式练习英语演讲，还得穿和服参加颁奖典礼……

正当我想入非非时，神明给了我当头一棒："不过，要以你的育儿记忆来做交换。"

原来还有让人匪夷所思的条件呢。他并没有说"用你的儿子来交换"。可是，用"育儿记忆"来交换？这……

一时间，儿子小时候的模样浮现在我的脑海中。当我到幼儿园接他时，他会从人群中找到我，然后喜笑颜开，高兴得在地上打滚儿（有时是真的会打个滚儿，滚上一圈），最后扑到我的怀里。

想到这儿，我哭着喊道："等等！我不需要诺贝尔奖！"

我被自己的声音惊醒了，心怦怦直跳。我迈着小碎步跑到儿子的房间，他因参加社团活动累得呼呼大睡，那一刻我确定自己还记得4岁的他把双臂在胸前围成一圈的样子。

我不希望用那段甜蜜的记忆来换取任何财富或荣誉。这是我一秒钟都不会犹豫的回答！

每当我讲述这个故事时，其他同为妈妈的朋友都会赞成我的观点。没有哪位妈妈会犹豫，哪怕一秒钟。

诺贝尔奖对一个妈妈来说不过如此。

这就是妈妈的爱。

（好吧，明明得不了奖，却在这里大言不惭，我很抱歉。）

生下男孩的各位妈妈，我希望你们能够享受培养儿子的乐趣。

妈妈的儿子们，我希望你们能够了解妈妈的爱。

这就是我写这本书的初衷。各位读了之后，感觉如何？

多亏了扶桑社的赤地则人先生仔细阅读了我以前的书,并提出了中肯的建议,我才得以将所有研究成果写进这本书里。而赤地先生对母亲的感情也给了我启发。在这里,我想向赤地先生和他的母亲表示衷心的感谢。

身为男孩的妈妈,请不要让这一特殊的光芒被"男女大脑存在差异"的观点遮蔽,也不要给自己太大的压力。愿你们能与心爱的儿子度过暖心有爱的每一天。

愿天下所有妈妈的每一天都过得快乐、满足。

养育男孩的 40 个秘诀

1. 了解"男性大脑"是养育儿子的大前提。
2. 原谅男孩的稀里糊涂和邋遢,是养育男孩的第一条法则。
3. 在养育男孩时,房间还是乱点儿的好,乱糟糟的场景有利于男孩大脑的发育。
4. 让男孩多接触成熟男性,有利于其大脑成长。
5. 给男孩提供一个"独立的游戏空间",他的空间认知能力和专注力会得到提升。
6. 为男孩稳定地充当一个不可动摇的原点,是妈妈的责任和义务。
7. 宠爱和呵护能让男孩更从容地踏上冒险的旅程。
8. 男孩 3 岁前,必须充分聆听母语,获得语言基础;为他朗读绘本也能帮助他完善语言功能。
9. 在户外玩存在高低差的娱乐设施,能刺激男孩的小脑发育。
10. 对于运用到身体运动能力的体育项目和乐器演奏,3 岁后就可以开始学习。

11. 发呆和睡眠让大脑功能进一步完善。

12. 不要让孩子上连你自己也不喜欢的课程。

13. 阅读可以让男孩明白责任心和忍耐力的可贵。

14. 阅读要从娃娃抓起,而第一步就是要让孩子接触绘本。

15. 在男孩能够自己朗读之前,家长们要乐此不疲地读书给他听。

16. 如果你的儿子已经不止 8 岁,并且成了一个不爱看书的孩子,那么亡羊补牢的方法只有一个——那就是让他看到父母享受阅读的画面。

17. 在男孩进入青春期之前,应该让他学会女性特有的共情式沟通。

18. 想要男孩变得体贴,就要从小给他的大脑输入"喜欢"与"爱"。

19. 尽可能地避免对孩子使用命令的口气。

20. 时不时找男孩商量事情,被依靠的男孩会变得勇敢、聪明和坚强。

21. 当家里有多个男孩时,试着为家里的每个男孩腾出一对一的交流时间。

22. 教养多个男孩还有一个诀窍:遵守长幼排序原则。

23. 要想激发儿子的学习欲望,妈妈就必须在儿子面前维护丈夫的体面。

24. 男性的思维模式是结果导向的问题解决型，和男孩沟通时先说谈话的目的。

25. 如果想和处于青春期的男孩展开一场心灵对话，最好的方法是询问他对一些无关话题的看法。

26. 把你的儿子培养成"肉食系男孩"吧，千万不能让他用甜食当早餐。

27. 早睡的男孩和熬夜的男孩之间身高相差约有7厘米。

28. 当男孩提出深奥的问题时，如果不知道怎么回答，不妨反问他："你怎么想？"

29. 引导孩子在平淡无奇的环境中发现问题、提出问题。

30. 很多父母热衷于给孩子报补习班，要知道提前学习知识会消磨学习的兴趣。

31. 告知男孩学习的目的，目标明确以后，那些不擅长的科目只会让他越挫越勇。

32. 给男孩设定的目标要高远一些，这样他才不容易气馁。

33. 妈妈期望儿子成为什么样的人，就用这样的目标鼓励他。

34. 当男孩失败时，可以对他说："要是我能帮上你的忙该有多好啊。"

35. 如果儿子没做作业，不要质问他"为什么"，而要问"怎么了"。妈妈要有意识地运用共情式交流。

36. 和男孩进行心灵对话的诀窍有：表扬、抚慰、感谢、谈论所见所感、向他求助、吐露泄气话。

37. 让男孩记住绅士礼仪的第一条是,就座时让女士优先。

38. 教会男孩做饭,让他成为享受生活的人。

39. 发掘孩子天赋的方法不是强迫他去学一门才艺,而是用日常生活中的事物激发他的兴趣。

40. 面对孩子说什么、使用什么样的表情,妈妈不能太随意。

注：本书插图系简体中文版独有